蒋志鑫自述

蒋志鑫 著

中信出版集团 | 北京

图书在版编目（CIP）数据

蒋志鑫自述 / 蒋志鑫著 . -- 北京 : 中信出版社 ,
2019.11

ISBN 978-7-5217-1037-3

Ⅰ . ①蒋… Ⅱ . ①蒋… Ⅲ . ①蒋志鑫 – 自传 Ⅳ .
① K825.72

中国版本图书馆 CIP 数据核字（2019）第 205561 号

蒋志鑫自述

著　　者：蒋志鑫
出版发行：中信出版集团股份有限公司
（北京市朝阳区惠新东街甲4号富盛大厦2座　邮编　100029）
承 印 者：鸿博昊天科技有限公司

开　　本：787mm × 1092mm　1/16　　印　　张：21.5　　字　　数：200千字
版　　次：2019年11月第1版　　印　　次：2019年11月第1次印刷
广告经营许可证：京朝工商广字第8087号
书　　号：ISBN 978-7-5217-1037-3
定　　价：128.00元

服务热线：400-600-8099
投稿邮箱：author@citicpub.com

来自东方的凡·高。

——雅克·奥加德

法国文化部前部长、法国科学院院士、

法国国际艺术协会名誉主席

艺术道路上的追梦人，有两种迥然不同的存在状态，
一种是去天堂，一种是下地狱，我属于第二种。

——蒋志鑫

裂破古今，横行天下。

——蒋志鑫座右铭

我在工作室创作

我在巴黎

2006 年我在帕米尔写生

爱犬贝贝、咖啡

我和我的石头

道法自然

《天籁》
（365cmX142cm，2002 年）

《月沉昆仑》
（620cm×250cm，2007 年）

《昆仑之魂》
（138cmX68cm，2007 年）

崑崙山之魂

《凤凰涅槃》

（365cmX142cm，2004 年）

胡杨

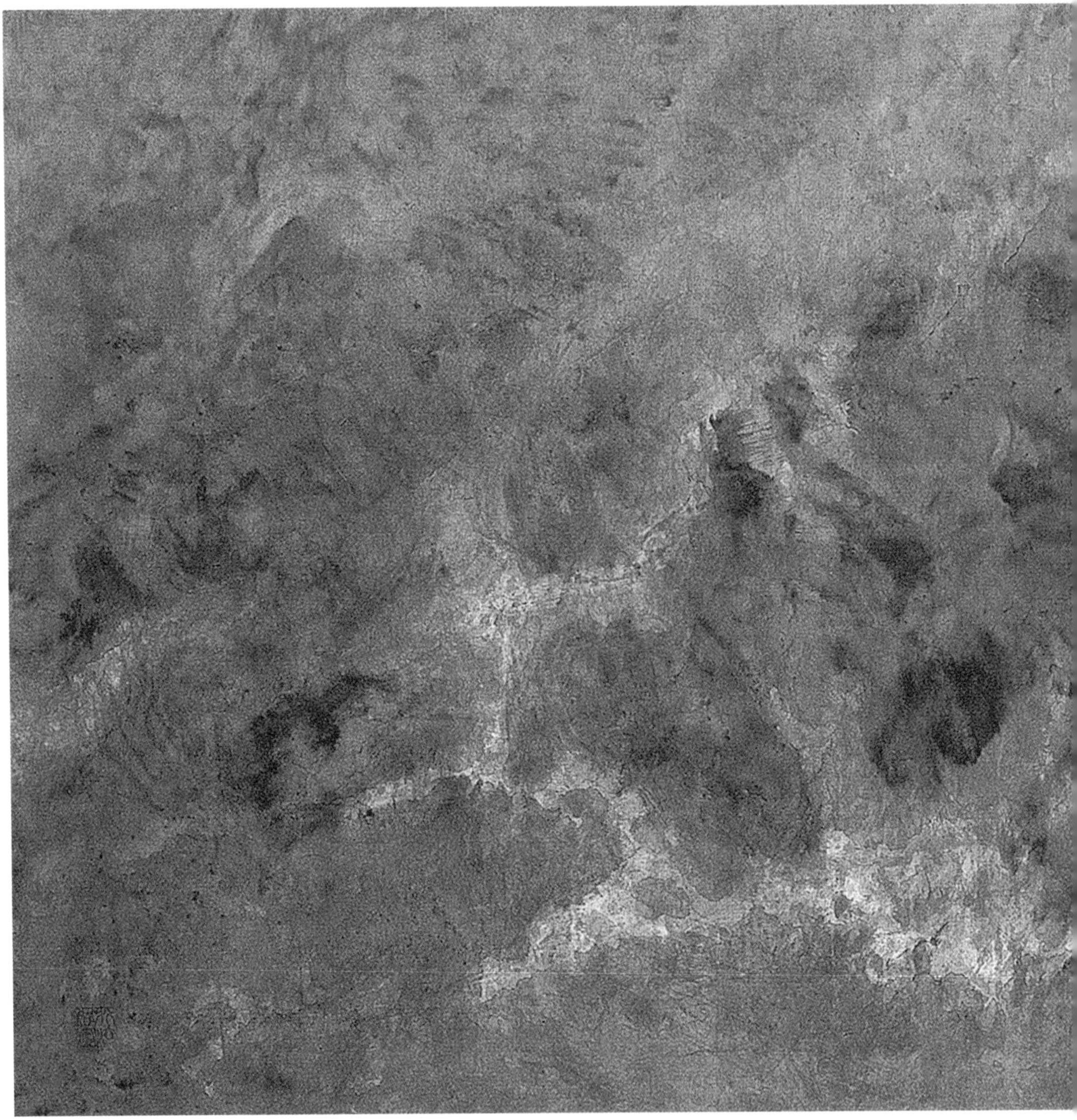

《天泻铜液》
（250cm×124cm，1993 年入选“百年中国画展”）

天瀉銅液

《问天》

（68cmX68cm，2011年）

《黄土魂》
（196cmX197cm，1998 年）

《寿桃》
（68cm×138cm，2014 年）

书法《无敌》
（53cm×125cm，2003 年）

目录

推荐序一：
他属于这个时代并穿越这个时代 / XXXI
推荐序二：
来自东方的凡·高 / XXXIII
推荐序三：
如此简洁，如此抽象，如此空灵
——从大气磅礴走向抽象空灵 / XXXV

第一章·崆峒的蒋氏家族
祖太爷和他的三个儿子 / 003
我的父亲母亲 / 007
我的兄弟姐妹 / 012
熬过困难时期 / 018

第二章
·
走出家乡的山路

别人叫我“三蛮子” / 023
我的大学 / 027
有了自己的第一个画室 / 033
杨家山酒后历险 / 037

第三章
·
遇见恩师

到北京画院进修 / 043
王文芳老师的“天”塌了 / 047
跟着老师去采风 / 050

第四章
·
踏进艺术殿堂

寻找黄土高原的“魂” / 057
一心走进中国美术馆 / 060
初尝成功的滋味 / 066

第五章
·
人生的磨砺

“武大郎开店”的风波 / 081
第一次南下 / 084
我被骗了 / 088
被迫走宁夏 / 093

第六章
·
朋友是金

作画钓鱼台 / 105
人生得一知己——程大利 / 107
为了妻子的病 / 109
我的画在香港增值 / 111

第七章
·
迈出国门

马来西亚森林探险 / 129
敦煌奇遇奥加德 / 134
香港画展结缘 / 137
巴黎国际艺术城画展 / 142
他乡遇知音 / 144
希拉克总统的来信 / 148
法国参议院 42 号会议室 / 153

第八章
·
移居北京

爱上那间大画室 / 171
第二次走进中国美术馆 / 176
中国画研究院调我进京 / 180
画出西部山水的大气魄 / 181
生死香格里拉 / 185
追寻胡杨林 / 190
画“白”——去南极 / 197
与全国美展无缘 / 201

第九章
·
爱

十年等来有缘人——叶子 / 229
爱犬贝贝和咖啡 / 231
我酷爱的石头 / 234

第十章
·
回望平凉

给家乡捐赠作品 / 265
建造蒋志鑫艺术馆 / 268
心随天籁 / 272

金声天音　画坛昆仑 / 283
茁壮的野性 / 286

蒋志鑫年表 / 290

推荐序一

他属于这个时代并穿越这个时代

中国画艺术有连续不断的优秀传统，历史上经典辈出，高峰壁立。作为今天的艺术家，如何一方面弘扬传统，一方面又能够画出时代新貌，这是对其理想、意志、能力和视野的深层次考验。

改革开放以来的中国画坛，有许多画家都在不断地走向自己的天地，在那里进行一种新的体验、新的探索。其中，蒋志鑫先生就是在新的历史时期独步天涯，走向西部，到大自然面前去感怀、体验、抒发、创作的一位重要代表。甚至可以说，在整个中国画坛，大家还在苦恼、思考怎样能够更好地表达时代气象这个课题时，蒋志鑫先生就已经拥有了非常清醒的认识。他相信把中国画传承下来，首先需要到生活中去接地气，到自然山水面前去进行新的体验。在这方面，他做到了义无反顾。

也正是通过走向大自然，特别是独自跋涉，他感受到了别人没有体验到的大自然的伟岸、天地间的信息和穿透灵魂的意象，由此孕育了或者说催生了他心中蓬勃的情愫。所以，在我的认识中，蒋志鑫先生这种艺术的情怀持续地保持着一种澎湃的高度和锐度，他胸中有来自传统知识的丰沛能量，亦有来自现实感受的强大动力，更有在艺术上求索开拓的卓绝勇气。

从 20 世纪 70 年代到 21 世纪的今天，前后 40 多年，他一如既往地坚持对中国画，特别是对水墨画艺术语言的探索。他的作品一方面拥有非常饱满的理想和激情，一方面表现出了中国的大山大水，特别是大自然的万千气象。与此同时，他在水墨语言上的这种开拓精神也跃然纸上，神韵灵动。我们看他的作品，不管是大幅，还是精美的小品，都有一个非常宏阔的内在结构，有一种雄强的，甚至可以说是他特有的男性的力量。更重要的是，他把各种水墨传统技巧转化为一种当代语言，在画面上用点、用线、用面，用染、用泼，用各种语言，把水墨画画成了一种富有语言表现力的当代形态的艺术。

对他 40 多年的艺术生涯一路观察下来，我深深感到，他始终保持着昂扬的求索精神，他始终展现着独特的、纯粹的、彻底的艺术情怀和气质。

画如其人，人的精神更是会直接反映到笔下。所以，在他的笔下能够出现大自然的万千气象，能够出现宇宙音韵化成的雍然大气。这是我们这个时代文化的力量，文化的气象。从这个意义上说，蒋志鑫的艺术很好地展现了我们的时代精神。他是一个属于这个时代并穿越这个时代的艺术家。

范迪安

中国美术家协会主席、中央美术学院院长

中国画家蒋志鑫先生于1996年、1997年两次访法，成绩卓著。他在巴黎国际艺术城、茫沙之家、李画廊、国立艺术与实验中心、鲁塞纳尔、尼斯艺术画廊、凡尔农《民主报》的沙龙前后多次举办个人书画展。他还参加了巴黎艺术城与国际艺术协会举办的每年一度的大型集体画展。由于他的杰出成果，他在这两年分别获得了法兰西功勋与奉献协会授予的银质勋章，法国艺术、科学和文学研究学会颁发的“艺术·科学·文学”银质奖。

法国著名画家、法国国际艺术协会执行主席米歇利娜·麦维尔·罗赛夫人为他画了肖像，并多次展出。法国参议院收藏了蒋志鑫的一幅作品。法国及国际艺术评论界对这位1949年生于道教圣地崆峒山的中国画家极为关注，并予以支持。

他是黄河流域、西北高原哺育的艺术家，他对那片土地深情依恋，了如指掌，称他为“黄土魂”是恰如其分的。他是这片黄土地真正的画家。他强有力、充满激情而又细腻的风格无可置疑地吸引了世界各国对这既传统又现代、既严格又宽松、既感人又丰富的艺术的爱好者。

他不是塞纳河畔默默无闻的过客，他在此得到了高度的褒奖。国际艺术城主席布鲁诺夫人称赞他是“中国文化真正的深沉体现”。

法国美术学院的常务理事、莫奈博物馆馆长阿尔诺·邬德里先生在莫奈博物馆这座印象派殿堂中接待了他，认为“中国之行中所见到的美好景色，神奇的山川、河流、丛林”，被“这位非常敏感的艺术家出色地展示出来”。而最雄辩、最有代表性的评价要数希拉克总统先生的赞词了，他写道：“我饶有兴趣地发现了您对中国绘画创新的能力及技巧，它强有力地展现在您的作品中。”

蒋志鑫艺术中最壮观的是迥然多姿的画面，层出不穷的意境，如火如荼的色彩，浩瀚磅礴的气势和激动人心的震撼力，以此贯穿中国文化的远古与现代，预示一个辉煌灿烂的将来。

许多关心蒋志鑫的人对他满怀希望，我们殷切地等待着这一期望成为现实。

雅克·奥加德

推荐序三

如此简洁，如此抽象，如此空灵

——从大气磅礴走向抽象空灵

编辑出版一套完整的蒋志鑫作品集，是我们多年的夙愿。12年前的蒋志鑫自述《心随天籁》（敦煌文艺出版社，2007年）受多种因素影响没能完整呈现他的作品及人生经历中充满时代况味的高低起伏。从那时起，出版《蒋志鑫集》的想法就一直在我们脑海里酝酿。最初几年，先生不置可否。后来，先生曾请雅昌公司设计作品集，在完成雏形后因种种原因作罢。2018年初，先生终于决定整理出版作品集，希望在70岁生日到来的时候作为纪念。于是，我们和中信出版社共同编辑整理，至2019年中秋前夕，中信出版社将作品集排出了样书。

细细思量这一年时光，我们与先生的作品和经历朝夕相对，感受着艺术带给自己的精神上的满足和快意，充实之感无以言表。

编辑这一套作品集最大的收获，是得以从整体上饱览先生作品的全貌、发展脉络及所达到的高度，得以感受其人生之路的艰难曲折，感叹其艺术探索的清晰明确如大江大河般滔滔向前。

屏幕上，900多张作品，一张一张，穿过了45年的时光。我们和昊宸、天慧进行最后一次挑选时，画里那个世界的天空和大地越来越辽阔，色彩越来越单纯，物象越来越抽象，画面越来越简约、干净，黑、白、笔墨、抽象、符号、禅意、精神，诸如此类的意象奔涌而来，那一刻我们兴奋得忘乎所以。

在宏大的历史背景下，我们看到了一个艺术家不断探索前行，追求极致的勇气、胆识和精神。

黄土系列是先生的早期作品，数量众多。这个系列的初期作品，扑面而来的是浓艳的朱红色，是西部的山野、村庄、树木、牛和人。密不透风如森林般的笔墨，一眼望去，能找到熟悉的具象世界。之后，色彩渐渐变淡变灰，笔墨开始有了松弛感。到了后期，画中的墨气就越发地浓了，写意的影子也慢慢地萌发出来，甚至能隐隐地看到黄土地抽象的影子。这个系列，给我们最大的感受是画风写实，粗野狂放。虽然也隐隐地画出了自己，但更多的是对陇东自然风光和传统的描摹，给观者呈现了一个完全不一样的西部大世界。

黄河系列有了新的变化。开篇就开始写意，后期多数都是半抽象的大写意，如果将溯河而上的飞鸟去掉，则完全是抽象的。此时的黄河就是抽象的黄河，是用水墨提炼出来的一条崭新的黄河。一个个符号有序地排列，一切瞬间就蜕变成抽象的东西。就如中国的传统纹饰一样，有机排列组合，构成了抽象的意境。黄河系列的色调，一开始就是灰色调，不是大红大黄了。到了后期，就变成墨色，有几张已经变成了纯水墨。不像黄土系列，由红到灰，而是由灰到黑。黄河系列让我们看到，笔墨在灰色调性里欢跳出生命的大江大河，而这种写意中浸透出的抽象元素，已经让时间和空间消失殆尽，只剩下黄河沉静、狂暴、舒缓的生命瞬间。

大漠胡杨系列，就把投注在黄土、黄河上的宽广目光，进一步聚焦到一棵树，把树人格化，并抽象成一个近似于符号的雏形。中国人将宇宙观概括为天、地、人，人是第一位的。画面中大写意的胡杨被拟人化，天与地渐渐隐去，天与地之间的生灵——胡杨树被凸显出来，并且一再放大，充满整个画面，铺满天与地之间。于是，我们看到了生命的另一种形态，一种内心涌动的无尽力量。绿色、褐黄色的叶子，铁线锁住的树干和大漠，抽象出千年生而不死、死而不倒、倒而不朽的精神气质。水墨与胡杨瞬间凝为一体，最终幻化成凤凰涅槃的抽象形象，从而将黄土、黄河系列的具象与写意超越、升华。胡杨系列有了精神层面的深化，开始了人格化探索，开启了符号化道路。当然，胡杨系列在色彩的运用上，较黄土、黄河系列，一个鲜明的变化是用色更加单纯，而且更加趋向于纯水墨；构图也越发简练、简约、干净，画面的物像更加聚焦和集中。

胡杨系列里还有色彩，昆仑系列则完全是黑与白，彩色全部隐去了，完完全全是水墨了，这是一个惊人的变化。另一个大变化，就是彻彻底底的大写意——符号化的山和水。天地人在同一个画面里得到完整、清晰、轻松的表达和叙述，随心所欲，心随天籁，天马行空。那种独与天地相往来的大意境，自信、明确、孤寂，境界的空灵早已超越从前。仔细观察会发现，总体是大写意，局部是抽象的，即使是一些比较大的局部呈现出来的仍然是抽象的。从画面的不同角度、不同维度，都能看出抽象的元素和抽象的画面，抽象和大写意如影随形，相互交替、穿插、交融，一往无前，指向远方。

到了牦牛系列，又是一个飞跃。牦牛从天地人中再次被抽离出来，被彻底符号化了。此时，天地人三者被浓缩成一个生活中的具象事物——牦牛。近看画面只是一团一团的墨块，这看似是一个简单的变化，一个似乎轻而易举完成的简化和概括，实质上是一次笔墨的重生。牦牛从形体结构变成了笔墨结构，从书法笔力中萃取章法，画家赋予它更加自我的人格张力。初看牦牛是让你惊艳不已的大写意，定神认真琢磨又变成了完全的黑白关系，当我们凝神静气回望它们时，牦牛又完全变成了一个抽象符号，一个个性鲜明、过目不忘的符号。就像经过千百年的淬炼，从生活中生成的一个个汉字一样，牦牛在先生笔下彻底成为一个具有抽象意义的符号。具象、意向、抽象、符号，由抽象到符号化，先生完成了一次人类对于客观存在图像的认知模式的完整进化过程。无疑，牦牛是先生艺术符号化的顶峰。

当人格化、大写意、黑白、抽象化已经达到顶峰时，天籁系列又回到了"天地人"这个原始基点上，将得心应手的大写意笔法，进一步做减法，让大山大水、大自然的一切生灵，从画面中渐行渐远，进一步做抽象化的凝练。于是，在天籁系列里我们看到，天、地、人三者完全以抽象的方式呈现出来了。此时的画面里，早已不是他曾经到过的大山大河，而是作者意念中的山川日月。正如宋朝文人山水画是宋人的精神栖息地一样，天籁系列是先生的精神高地。在那里，只有黑与白这个更加纯粹的世界，水墨被赋予了神秘的灵性，在天与地间自由自在地舞动，它成了主宰世界的主人。最为神奇的是，此时的书法，笔走龙蛇般盘踞峻岭山峰间，可我们第一眼根本看不到书法，带着强大冲击力的是我们从未看到过的山水、天地人、朗月清风、闲云野鹤。

对简约和抽象的极致追求，到了南极系列演变为画"白"，"计白当黑"。思想上更加纯粹，天高地阔，云淡风轻，出神入化，尽显禅意。"人"已入化境，并从画面中抽离出来，完全变成一种精神，一种意境，这就是“白”的灵魂，“白”的大写意，“白”的抽象。于是，那个浓墨重彩、线条纵横、具象写意中“列缺霹雳，訇然中开”的艺术世界，现出了朗月清风，天高云淡。眼前的琐碎、烦恼、苦痛都烟消云散，随之而来的是恬淡、纯粹、宁静，这就是先生 70 岁的人生境界！他的艺术高度与思想高度、精神高度，随着他的生命一同达到了巅峰，艺术历程亦是他生命体验的过程。

窗外，秋日的艳阳下，海面波光粼粼，时间的流逝寂静无声。回望这一年多的编辑工作，回望先生45年的艺术创作生涯，在岁月的长河中，不管色彩、笔墨、构图如何一路做着减法，不管从具象、写意、大写意到抽象、符号如何一路抽象化，也不管精神境界如何从一路高歌猛进到越来越空灵，始终有一个声音不曾远去：“裂破古今，横行天下！”这是先生的座右铭，正是在它的指引下，才有了这些丰富、饱满、独特，自成一家，前无古人的艺术作品。

坐在阳光里，脑海里浮现着一幅幅画面，内心生出大欢喜！

如此简洁，如此抽象，如此空灵。

玉成

中国电力美术协会副主席、

国家电力投资集团公司企业文化总监

雅秋

《北京交通大学学报》（社会科学版）主任编辑

第一章・崆峒的蒋氏家族

祖太爷和他的三个儿子

我出生在甘肃平凉的崆峒山下，祖籍在山东牟平。

我从 20 世纪 80 年代开始几次去山东寻根，1999 年在牟平玉林镇瓦山找到了祖籍地并见到了族人，算是了却了自己的一个心愿：弄清了我们崆峒蒋家的来龙去脉。

山东牟平蒋家尚武，并以武传家。我的祖太爷蒋德泽兄弟五人，他排行老五。兄弟五人中老四闯关东，老五独走西北，在甘肃地方军队中教习武术，戎马一生。他晚年携一家三代在平凉崆峒山下买地置业，安家落户，从此崆峒山前就出现了一个叫蒋家沟的村子。祖太爷蒋德泽有三个儿子，他跟老大、老二住在崆峒山前的蒋家沟，而让老三去崆峒山后的麻武乡杨家山独立门户，以便日后能各有发展。

祖太爷蒋德泽外号叫蒋超子，“超子”的意思是和一般人不一样。他体魄健壮、个性倔强、为人耿直、秉性刚烈，77 岁时尚不愿服输。一日，豹子咬死了家里的一头牛，他就拿起一把镰刀进山去找豹子，找到后，他和豹子进行了一场天昏地暗的厮杀，双方精疲力竭，相互撕扯扭抱着滚下崆峒山的百丈悬崖，同归于尽。事后，村民和他的三个儿子卖了豹子皮买回一口棺材，把他葬在了崆峒山下的月亮湾。

祖太爷蒋德泽有传奇的一生，他的三个儿子却都是很普通的山民和农民。

大太爷蒋银乾只生了一个儿子，取名启智，也就是我的爷爷。爷爷启智算是有点文化，曾做过私塾先生，但不幸30岁就匆匆谢世，留下奶奶和当时只有四五岁的儿子，也就是我的父亲。孤儿寡母无法生存，奶奶只好改嫁到邻村。三太爷银朝的独生女儿桂花比我父亲只大一岁，三太爷就把当时只有四五岁的父亲接到崆峒山后麻武乡的家里，当成自己的亲孙子抚养。

二太爷银坤也只生了一个儿子，取名启海，就是我的二爷。二爷是个很有个性的人，外号“蒋疯子”，一生务农，农闲时进山挖点药材，采点野花，背进平凉城卖点小钱补贴家用，日子也还过得自足。二爷膀大腰圆，有力气，采药割草，编筐打柴，做了一辈子山活。二爷是个天不怕地不怕，骂人骂天，脾气特别倔的人。但二爷对二奶奶特别好，我小时候常见二爷把家里的毛驴打扮起来送二奶奶回娘家。有一次走在半道，毛驴把二奶奶摔了下来，回到家后，二爷冲上去，几拳就把毛驴打倒在地，然后一边咬住驴耳朵一边骂驴说：“我叫你再发疯！”二爷爱吃搅团[①]，一次他儿媳妇没把搅团做好，他拿起镢头就把锅砸了，后来又自己买了口新锅。天旱不下雨，别人都到太统山上去祈雨，他却站在地畔上跳着脚骂天、唾天，扔烟锅打天，说：“你不下雨，你就不是天！”一骂就是一个上午，骂完还把烟锅砸在石头上。二爷一辈子过得很辛苦，但很快活。二奶奶去世后，他十分悲伤，不久之后居然跳崖自尽，和二奶奶一起走了。

① 搅团是中国西北地区著名的特色小吃，用面搅成糨糊状，陕甘宁地区尤其好吃。——编者注

我的二爷和二奶奶

我的母亲与姑奶奶

在麻武乡独立门户的三太爷银朝只生了一个女儿桂花，就是我的姑奶奶。我的第一个姑爷爷姓陈，是倒插门女婿，他们生了五个孩子后，姑爷爷就去世了。为了维持生计，抚养孩子，姑奶奶又重新组合了一个家庭。后来的姑爷爷叫吴生春，他们又生了一个儿子。他们可谓郎才女貌，我姑奶奶年轻的时候是麻武山上的一朵花，不光人长得漂亮，而且剪窗花、绣花都是一把好手，做饭的手艺也远近闻名。我和我的姑爷爷、姑奶奶特别亲近，我在平凉群艺馆时，每逢过年常把姑奶奶接来，让她和母亲一同看社火，她们俩总有说不完的话。

我姑爷爷是一个多才多艺的人，他在农村做会计兼赤脚医生，还会炮制中药，认识多种中草药。我常跟姑爷爷一起进山，采药、采蕨菜、采刺椿头，还采一些野菜。后来姑爷爷从麻武进城，多住在我家。我们兄弟姊妹都很喜欢姑爷爷和姑奶奶，他们为人朴实、厚道。1986 年底，我进京举办个人画展，为了支持我，姑爷爷把家里的一头牛卖了，得了 360 元，都给了我，这是我永生难忘的一件事。1988 年，我调到兰州后，把姑爷爷接到兰州玩了一个月。我们之间有一种深厚的亲情和友情，每次我从兰州回到平凉，总要上麻武山去看姑爷爷和姑奶奶，吃姑奶奶做的手擀长面。姑爷爷陪着我一起重游十万沟，回忆我小时候走过的路，还常常带着茶罐在三潭边煮罐罐茶，一边吃茶一边回味当年。姑爷爷和姑奶奶相继去世后，我和我的叔叔们一直保持着密切来往。

我与姑爷爷在兰州五泉山

三太爷虽然没有儿子，但有了我父亲这个孙子，就急着要抱重孙子。1928年，也就是我父亲7岁那年，三太爷从平凉城里给我父亲买回来一个大他一岁的童养媳，就是我的母亲。当时，1929年的大饥荒已经初露苗头。

母亲说她是羌巴人，小名叫茂丹，娘家原在甘肃省岷县。母亲6岁时，她父母及同族的好多人因为宗教冲突而去世，她被族人领着从岷县逃到陕西宝鸡千阳，被吕姓人家收养。一年后，人家家里生了一个儿子，就不要她了。这也可以理解，当时饥馑已经开始，谁也不愿家里多一张吃饭的嘴。于是，她们几个流浪的女孩就跟着一位好心人一路乞讨来到平凉。后来，母亲就被卖到我三太爷手里，当了我父亲的童养媳。

三太爷的孙子很金贵，但这个孙子的童养媳却不好当。三太奶奶有点偏心，舍不得她的女儿和我的父亲受累，什么粗活重活都让我母亲做，担水、拾柴、给长工做饭，里里外外，样样都是我母亲的活计。还没长大的父亲却是个大男子主义者，从来不关心母亲。但与母亲同岁的姑姑却和她相处得不错，时时处处照顾着母亲。母亲说她骨头硬朗，身体健康，又生性好强，能吃苦，尤其善于粗活细做。母亲14岁时就和父亲结了婚，17岁生了大姐，接着生了大哥、二哥，后来又怀上了我。三太爷看家口越来越多，就让父亲回蒋家沟去继承爷爷启智的

我的父亲

我的母亲在平凉家里

家业。

父亲带着一家六口，来到蒋家沟与二爷的儿子启海比邻而居。其实父亲继承的所谓家业，不过是几孔窑洞和几十亩山坡荒地，而且有地没牛，只能与别人进行变工耕种。

日子过得紧巴巴，我还未出生，父亲就发了愁，又要多一张吃饭的嘴，怎么养活得了。正好村里有一家姓刘的人说："这孩子生下来，你要不愿要，就干脆送给我好了。"父亲当时就答应了。

我一直在母亲的肚子里待了12个月，于1949年10月9日（阴历八月十八日）才出生。据说我刚生下来时，崆峒山上一个道士化缘到我家，他得知我家生子后说："你家里生贵子了！"父亲顿时后悔不已，但话已说出口，第三天刘家就拿着衣物用品来家里抱娃娃，反悔已经来不及了。正在父亲踌躇为难时，忽然听见二爷在隔壁院子里高声叫骂起来："蒋家的孩子你不能送人，我们蒋家人丁稀少，你多生了几个儿子你就有脸送给别人？你要是没本事，养不活，我来给你养好了……”虽然二爷把父亲骂得狗血喷头，但父亲心里暗暗庆幸，多亏二爷这一顿臭骂，给了他一个台阶下，纠正了他可能永远无法弥补的错误。我小时候常听别人讲起此事，也常常为此感激二爷，要不是他，也许我就成了刘家的人了。

我出生之后，父亲对母亲也好了许多，对亲情也越来越看重。父亲时时惦记着麻武杨家山把他养大的三太爷，有空就叫我们去山后麻武看望三太爷，给他送好吃的。我三太爷个头大、膀大腰圆，长长的白胡须随风飘动，80多岁时仍徒步20里山路来帮我们收麦子。他于1966年过世。

我的奶奶改嫁到8里外的太统山下，我们也经常去看望她，与她家的孩子相处得很好，就像一家人。

也许是从小就没有父亲的缘故吧，我父亲当时把村里一位当了一辈子长工却没拿到钱又积劳成疾的老人接到家里养着。这人姓任，是甘肃临洮人。就这样，他成了我们的爷爷，给我们家种菜。平时，我和任爷爷睡在一个炕上。他有严重的肺气肿，父母向来都是给他好吃好喝的。任爷爷脾气很坏，但父母总是笑脸相待。1967年，任爷爷去世了，父亲给他买了一口棺材，做了老衣（寿衣），像安葬自己父亲一样把他安葬了。

小时候，在兄弟姊妹中父亲最疼我，他每天进山砍柴回家，就是再饿再累也要把我扛在肩上，在院子里面走一圈才吃饭。农闲时，父亲还烧了个石灰窑，把石灰拉进城卖了，以补贴家用。他每次从城里回来，买了锅盔腊肉，给其他人分一点点，剩下的都留给我吃。父亲对我的偏爱导致大哥、二哥心里不平衡，后来居然影响到他们父子之间的关系。

父亲当时在生产队里当队长，处事公正廉洁，谨小慎微，从不亏待别人，却总亏待自己。虽然一家老小生活得紧巴巴，但父亲却从来不悲观。父亲会吹箫，村里有个自乐班，空闲时大家聚在一起自得其乐，这也影响到我们兄弟三个，使我们都喜欢音乐。

父亲虽然没有文化，但是对农村的礼节和礼仪特别讲究，家教很严。父亲最爱我，但我最怕父亲，我们跟父亲说话的时候不能把手放在兜里，跟其他长辈说话时也不能把手放在兜里。父亲说，天晴修水路，人要讲德行，做事要勤快，要“笨鸟先飞”。他说：“你要时时处处把自己当作一只笨鸟，要先飞。即使这样后面的人都会把你追上，你要是再晚飞的话，人家更会把你超过了。”父亲的这些话我记了一辈子，受用了一辈子。

我小时候爱武术胜过一切，但父亲坚决不让我习武。我个性很强，不服输，怕父亲知道，就偷偷地跟我表叔学武术。我在家里弄了一个练功的泥锁，偷偷地用它练臂力，父亲发现后把它扔了，我大哭了一场。他一心让我学文化，在我六七岁时就让我在砖头上练习写毛笔字。后来，我才知道父亲为什么不让我练武，因为练武之人容易受伤，他是对我太爱惜了，希望我能从文。

20世纪70年代初，平凉市政府在崆峒峡里修崆峒水库，公社领导指定父亲在工地上管炸药。父亲睡在靠山挖的湿土窑里，日夜看守了三年，得了风湿病，全身肌肉萎缩。那时我在兰州上学，每个假期都跑回来看望父亲，父子抱头痛哭，当时我真希望老父亲的病是得在我身上。1972年，父亲的病严重了，1973年3月父亲去世前不让家人跟我说，后来电报发来，我悲痛欲绝，当时托人给父亲买的天麻还没送回去。等我赶回家里，父亲已经安葬了。父亲在世时几乎没有留下照片，他生病期间我回家给他画过像，但他很瘦，人都变了样。我本想等着他一天天好起来，再给他照张相。父亲是一个很有气质的男子，常穿着白衬衣、黑马甲，戴一副老式的石头眼镜，谈笑之中总有一股威严。我太爱我的父亲，只要一谈到他，我就控制不住自己的感情，会号啕大哭。此生我也无法报答父母的恩情。每年清明节，我都回家给父母和祖先上坟，每到大的节日都在家门口给他们祭祀。

因为父亲去世，毕业分配时，我决意回平凉照顾我的母亲。当时大哥因腿部骨折已成残疾，二哥又在外地工作，家里没有一个男人主事。当时，大嫂对我母亲不好，但我母亲大度善良，从来不对外人说。我回来可以就近照顾母亲。

我回到平凉群艺馆后，每月工资不到 40 元，但每月要给家里 10 元，好买回销粮。每个星期六我都要回家去看看母亲，每次回去，老远就看见一个黑乎乎的人影站在家门口，我知道那是我母亲在等我。

后来我在兰州工作，生活状况开始有了一点改善，我就把母亲接到了兰州。我住在兰州定西南路甘肃画院的临时办公室，大概 40 平方米。母亲住了三个月，觉得这里空气不好，光线不好，没有人聊天，生活上有诸多不便。没办法，我只好把母亲送回老家。不料她刚回去三个多月，就突患心肌梗死去世了。

我的大姐叫蒋志珍，比我大八九岁，是家里的长女，从小跟着父母吃的苦最多，作为姐姐，她还要照顾大哥、二哥和我。

我的大哥在家中排行老二，是男孩中的老大，叫蒋志奇，我们兄弟三个里面他是最聪明的，但却是一个苦命的人。因为小时候家里穷，大哥只上过两年学，八九岁的时候就帮着家里干一些农活，给别人家放羊、放牛。我们住在山区，烧水做饭主要靠烧柴火，我大哥是砍柴快手。他还会编筐、打笼、打筒子，学得一手编织好技术。至于农活，割麦、锄地、耙地、耕地，凡是他干的活，生产队的队长都没话说。在农村，他还是一个能工巧匠，擅长盘锅头、盘炕，他盘的锅头和炕，烧起来总是特别利索。我大哥的两只手特别粗大有力，也历尽沧桑。

大哥有很多爱好，尤其喜欢音乐。大哥的乐器是从农村里那种自娱自乐的班子里面学的，他从小就会拉板胡、拉二胡、吹笛子、吹箫，直到现在，他的板胡在我们村都是很有名的。每年正月，是他最忙的时候，这个村请，那个村叫，忙得不亦乐乎。他没有多少文化，但是他自己学会了识简谱。大哥还记着好多曲谱，主要是眉户，再就是秦腔，还记得好多单口相声。2006 年我回平凉，给他买了一把高级板胡，还买了一支笛子，他高兴得不得了。大哥虽然一生生活艰辛，但是他自娱自乐，是我们哥仨里面最乐观的。

我的兄弟姐妹

由于家穷找不到媳妇，大哥直到1967年才结婚，1969年生了孩子，一家人都很喜欢。那年深秋，突然下了一场大雪，大雪把山上的树压坏了不少，生产队组织人去伐这些倒了的树。在伐树的过程中，有一棵树锯了一半就倒下来了，大哥没有躲闪得及，大树把他的左腿压折了。他的骨折是胫腓骨骨折，非常难接骨，每次都是接好了，过几个月又错位了，这样反复接了15次还是不行。后来，我们终于找到一位奇人，是一位80多岁的老人，叫丁有德，他用自己秘传的药粉和独特的接骨技术把大哥的腿治好了。

大哥好不容易娶了媳妇，结婚才一年多，就出了这么大的事，大嫂就想和他离婚。我大哥在家一坐就是五年，前三年不能下床，后两年能干一些手工活。郁闷时，他总是拉板胡，还帮助母亲和大嫂干一些手工活。他甚至学会了纳鞋底，我大哥纳的鞋底又结实又好看，鞋帮子的针线活也做得非常好。

人穷偏偏家事多，我大嫂这个人很能吃苦，但她在农村却是一个典型的泼妇，村里人谁都不敢惹她。因为家里有我母亲和两个妹妹，大嫂觉得她们都是累赘。我大妹妹学习好，大嫂却不让她上学，要让她挣工分。我大学刚毕业还没有成家的时候，大嫂就闹着跟我分家，认为我大学毕业了会有很多的钱，实际上我毕业后每月才挣 40 元，每个月要给家里 10 元钱。当时每家都欠着生产队几百元钱，也搞不清楚是怎么欠的。辛苦一年，平均一个劳动日挣一角三分钱，最后还倒欠生产队的钱。分家了以后，家里的欠账都让我负担，我母亲由我来管，我小妹妹由我供着上了高中。我大嫂这个人比较自私，心里只有娘家没有婆家，对我的母亲特别不好，我母亲的自留地她不管也不让我大哥管，大哥很怕媳妇，事事都依着她。

有一年秋雨很多，泾河水猛涨。大哥跟着大嫂去给她娘家种小麦，过泾河的时候水浪太大，人就抓着牛尾巴过河，结果牛过去了，人没有过去。大哥和大嫂被水冲走了一里多地，大嫂被淹死了，大哥也奄奄一息。大嫂死后，她娘家没有一个人露面，对此不闻不问。

按当地风俗，被大水淹死的大嫂是不能进村的，放在村口的瓦窑里。大哥躺在家里输液，看着三个嗷嗷待哺的孩子，说找一个坑把大嫂埋了算了。我说这怎么可以，不管怎么说，她是咱们蒋家的人，安葬的事情由我和二哥来解决。我向单位借了 200 元钱，二哥拿出 75 元，我们给她做了棺材，买了寿衣，买了白布。因她在世时得罪的人太多，晚上只有我一个人为她守灵到深夜，白天我又拿着烟酒四处求人说情，最后才把安葬的事情办好。

大嫂去世后，大哥一直没有再娶，既当爹又当娘，我和母亲还有两个妹妹都帮了他很多忙，总算拉扯大了三个孩子。现在三个孩子都不错，都有了自己的事业。大哥一个人生活惯了，孩子盖了一院子的楼房，他却不愿意去，仍住在自家老院子里，一个人生活得自由自在。

我的二哥叫蒋志远，小学毕业以后就在家里劳动。二哥从小胆小，爱哭，嘴不饶人，也爱说笑话。小时候我们弟兄几个在家里吃饭，他总是给大家讲笑话，惹得我们哈哈大笑。他16岁的时候去当兵，在青海待了6年，回来后赶上招工，到靖远煤矿工作。刚开始是下矿井挖煤，因为他工作刻苦又爱学习，后来考到了6级钳工，我上大学的时候他每月还给我5元钱。我二哥是我们兄弟三个里长得最帅的一个，他跟我长得很像，就是个子比我稍高一点，别人经常分不清我们两个人。他的妻子是平凉柳湖人，是一个很纯朴温和的农家妇女。二哥后来从靖远煤矿调到平凉机械厂，因为一次工伤，前几年办了病退在家。

二哥是个乐天派，又特别喜欢字画，我在群艺馆工作的时候有些画画坏了，可撕可不撕，他都要留下来。我有些废画要烧，他就挑出一些像样点的留着做纪念。2005年，我回去时他拿出画来给我看，让我很感动，触发了我对当年的很多回忆。我在参加甘肃省美术协会展览时跟当年给张大千裱画的李复师傅学过裱画，二哥调回平凉后，我就教会了他裱画。后来，我二哥又把这个手艺教给我外甥和我妹妹。我二哥现在在家除了种菜就是裱画，日子过得很悠闲。

我的大妹妹叫蒋冬梅，我们兄弟姊妹六人里面，我父亲最偏爱我们俩。冬梅读书很用功，但是由于我大嫂不让她上学，她上到四年级就回家了。我们分家后她就更没办法上学了，因为农村家里得有一个人挣工分。大妹妹是一个非常聪明的孩子，农村里面女孩子会的东西，她样样精通。后来，大妹妹成了家，我的大妹夫是我的大学同学，是我介绍他们相识的。我大妹夫虽然其貌不扬，但他不仅人品好，而且很有才华，也爱画画。大妹夫的古典诗词写得非常好，做彩灯更是一绝，在甘肃是数一数二的。我大妹妹是他的好助手，每年冬天他们都做彩灯，他们做的彩灯每年都在甘肃省内外展览，还获得了不少大奖。现在他们在平凉城里买了很宽敞的房子，生活得很不错。

小妹妹叫蒋晓霞，1958 年出生，算是一个苦命的孩子吧。她生下来就没有奶吃，又正赶上“大跃进”和三年困难时期，用母亲的话说，她是从针眼里逃出来的一条命。小妹妹是我们兄弟姊妹里个子最小的，可她脚快手勤，性格豁达，人品称得上一流。她宽厚、仁慈、勤劳，继承了我母亲所有的优点。小妹妹高中毕业后，没考上大学，就回到家里。因为当时我们已经分家了，家里只有我大妹妹、小妹妹和母亲在一起生活。我们家的房子地势比较高，往上拉水需要有壮劳力。我在城里工作，很忙，家里得有个男的主事，所以就给小妹妹招了个女婿。小妹夫叫何发，个儿不高，甘肃静宁人，在穷苦人家出生，没有上过学，跟着别人学木工活。刚进我家门时，他还是一个比较勤劳纯朴的小伙子，婚后和小妹妹育有一儿一女，生活还算可以。慢慢地，他就变成一个能说会道、能掐会算的人了。小妹妹喜欢剪纸，剪各种窗花，记得小时候过年，总是由我糊窗户、写对联，小妹妹剪窗花、贴窗花。那一年是什么生肖年，她就剪什么动物形状的窗花。

我们家里虽然父母没有文化，但是兄弟姊妹六人都和文化有着不解之缘。不过最后走出来的就只有我一个，我在外面奔波，还算小有名气，收入也比他们高一点，所以帮帮兄弟姊妹们责无旁贷。现在，家里的大事都由我来办，特别是出钱的事情，我不会要他们负担。我们融洽的兄弟姊妹关系，在蒋家沟是出了名的。

熬过困难时期

1958年，我9岁，上二年级，正逢“大跃进”，紧接着是三年困难时期。“大跃进”时实行大食堂制，家家户户的铁锅都拿去炼铁了。崆峒水库第一期工程上马，来自外地的民工占据了村里每家每户的房屋窑洞，我们三孔住家的窑洞全被占用，被迫暂住在以前作为厕所和猪圈的两孔破窑洞中。父亲、大姐、大哥都日夜奋战在水库工地，母亲生完小妹，还得照顾大妹、二哥和我。1959年底，大食堂倒闭，学校倒闭。1960年时已经没有多少粮食吃了，苦苦菜、荠菜、苜宿、玉米芯、榆树皮都被当作粮食，每天每人发二两黑油渣面。我家门口有一棵老榆树，父亲和几个人伐了树，剥了粗皮，撕下细皮，在炕上焙干，再碾碎磨成粉，和玉米芯磨成的粉混合，由母亲给我们做搅团。榆树皮粉做的“沫糊糊”喝起来一头在嗓子眼里，一头在碗里。我们都身体浮肿，11岁的我挺着透明的大肚皮，能看到曲张的静脉血管。

最好吃的是饼。有一天，我父亲路经村口时，看见给水库工地送饭的工人把盛白面糊汤的罐打碎了，一罐糊汤泼洒在土路上，几个人开始抢，我父亲摘下帽子，双手捧着地上的面糊汤，连土带石子一块儿用帽子提回来，母亲赶紧用玉米芯粉和榆树皮面一起烙了几个薄亮的饼，加了盐和葱花，饼内的石子明显地凸出来。她给我们一人分了两个碗口大的饼，这两个饼是我有生以来吃得最香、吃得最快的饼，让我记了一辈子！

春天，我和二哥提着锄头到种过土豆的地里，毫无目的地乱搂，偶尔碰上一个半个坏土豆，吹吹土就一口吃了。有一次在东塬发现了破土而出的土豆苗，哥俩喜出望外，慢慢地将地连夜挖到底，真是没有白费劲，居然挖到了鼹鼠的老屯粮库，抱出两笼带芽的土豆和两筐豆芽。这个秘密是藏不住的，第二天，村里好多人都拿上工具满地挖，听说也有挖到的，但收获没有我们这样丰厚，我们连着几天都吃饱了肚子，比过年还高兴！

从那以后，我对捕鼹鼠很感兴趣，因为它的肉很好吃，而且鼹鼠是农民的大害，田地里到处都是它拱出的土包。我跟着大哥学会了用杠杆石箭穿鼹鼠的方法，我们每天在庙岭太龙湾装5组支架捕鼹鼠，有成功也有失败。提回两条鼹鼠时，我母亲就用开水烫掉鼹鼠毛，切碎肉煮上干菜叶，和家人一起充饥。有时把鼹鼠用泥巴裹上，在火膛里烧好，拿出来扒掉泥，那肉可真香！村里好多人都会捉鼹鼠。

有一次，就我一人在家，肚子饿得咕咕叫，我就在伐倒的老榆树上撕细皮吃。吃多了特别闹心，打开床柜，见有半瓶白酒，拧开塞子猛喝两口，再到院里晒太阳，没多大一会儿就醉倒了，恶心得将榆树皮全吐了出来，头昏目眩，口吐白沫，躺在院子里不省人事。母亲回家吓了一跳，闻到一股酒味才知道我偷喝了酒。

到 1961 年，玉米刚出线时，我偷偷溜进地里生吃新鲜的玉米。小麦出穗后快到收割前，我、父亲、大哥和二哥，等到夜深人静，偷剪些麦穗。回到家，把土炕烧得透红，将麦穗倒到上面烙，半生不熟时，再放在磨子上推。我们兄弟都是推磨能手，那阵子更是有使不完的劲儿，边推边用手抓推下来的麦梭，连皮带壳吃掉，那个香味至今仍让我魂牵梦绕。天亮前要把家里的一切东西都恢复正常，要是被工作组发现，就会马上被送去劳改队。上天保佑，我们没被工作组碰上过。慢慢地大家都挺了过来，到 1962 年，生活开始恢复正常，每次吃饭都是由父亲给我们平均分配。

《崆峒山》
（240cm×246cm，1996 年）

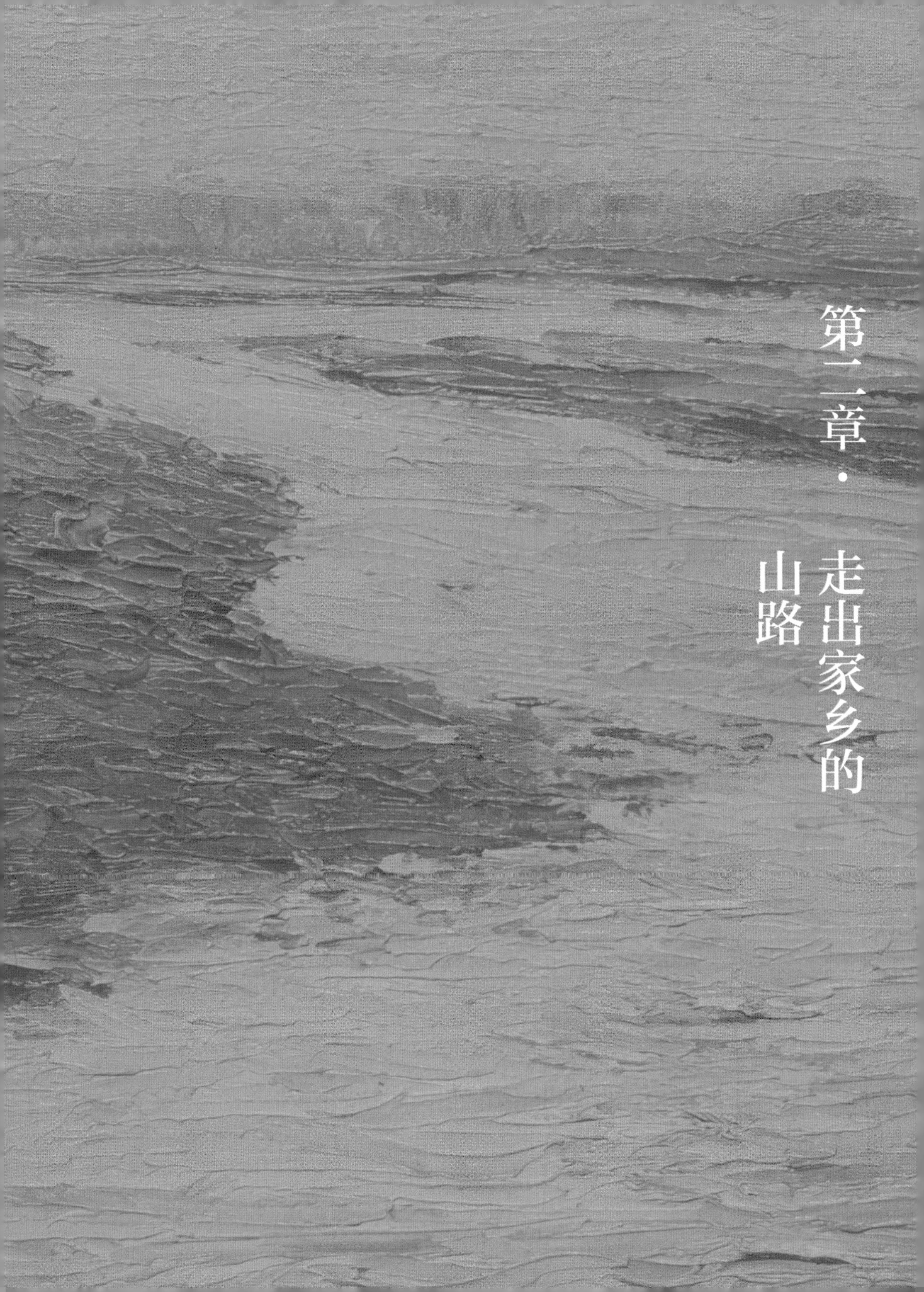

第二章・走出家乡的山路

我幼年的时候没吃过苦，6 岁时还在吃母亲的奶，但后来却吃尽了苦。可以这样说，大哥继承了父亲的巧，二哥继承了父亲的胆小，我则继承了父亲的“蛮”。

我六七岁的时候，大哥到山里砍柴放牛，我死缠硬磨地要跟着他上山，跟着他放牛。我八九岁时就跟着父亲进山干活，上学的学费都是我自己挣的。我认识好多中药，都是小时候父亲带着我们去采药的时候认识的。我十二三岁的时候就进山挖药，14 岁就跟着大哥在十万沟割竹子、编筐、打笼。从小我就特别能吃苦，个性很强，做任何事情都很认真，家里人叫我“三蛮子”。

我们每年都要进山到十万沟割竹子，每次都沿着泾河走，光着脚过泾河，有道是“七十二道脚不干”。据说十万沟是黄帝在崆峒山问道时 10 万随从大军驻扎的地方。我们去十万沟割竹子，上山一般都是 4 到 6 个人结伴而行。凌晨 1 点多就得起床出发，腰间系一条绳子，步行 40 多里地，到那个地方，天还没有亮。下了十万沟，冬天要用镰背把冰打开，趴在地上喝一肚子的水，再赶快挑拣一点干柴以备生火用。山上有豹子，我们要先吼叫一阵子，因为豹子是怕人的，让它走开我们才敢上山。上山吃过干粮后，剩下的黄面饼子就挂在树上，还得把口袋系好，怕乌鸦来吃掉。十万沟那个地方是一个壁立千仞的大峡谷，从洼里下去都是蛇，我们就抓着树干下去。竹子要挑着拣着一根一根地割。当年的竹子叫笋竹，是编背篓、打筒子、挽鸡罩用的；隔年的老竹子叫王竹，是用来做扫帚扫院子的。

日头偏西时的下午 4 点钟左右就该上洼了，得赶快把割好的竹子收拾好，一把一把地收拾成一大摞。一大捆捆好，大概七八十斤，最多的也就 100 多斤。捆好以后扛在肩上，过河，上洼。路是羊肠小道，特别陡，非常危险，要小心翼翼地走，一不小心就会摔到沟里。冬天穿着棉袄，汗水流到嘴里、眼睛里，都没法擦，因为长长的竹捆挨着一侧的脸。到山顶以后，把竹子一扔，躺在地上，闭上眼睛 3 分钟后才松一口气。这时再把竹子分成两捆，捆好以后，把棉袄一脱，把剩下的馍吃了就下山。走一会儿，歇一会儿，有的时候下山时腿软得打战，到家已经是晚上九十点钟了。

第二天把这些竹子按不同用途分类理好，开始编筐、打笼、绑扫把。然后再背到城里卖了，卖了钱就买油盐酱醋，买衣服。那个时候，农村的人一年也挣不了几个钱，只能靠这些补贴家用，我小时候就是这样经常跑山的。

个性很强是我的优点又是我的缺点，干活的时候很"毒"，总要比别人弄得好，弄得多。本来像我这样十三四岁的年纪，山里的人挑 60 斤就够了，我肯定要挑 100 斤，每次回来的时候都累得汗流浃背。有一次上山割竹子，山上都是雪，我突然滑倒，竹碴儿穿透掌心，血往外冒，我从棉衣袖口撕出一点棉花烧成灰敷在伤口上止血，一时手肿成大熊掌，还用左手割了一捆竹子。我回去不敢对父亲说，但父亲还是知道了，不给我饭吃，其实他是心疼我，惩罚我不听话。此后每逢我进山，父亲总要在半路上接我。有一天，我过泾河时被雷阵雨和冷水激了，出了一身荨麻疹，从此留下病根，直到现在还凉水过敏。我这个人从来不愿服输，农村里每家门口都要堆一个柴火堆，我们家门前的柴火堆是最大的。好多村里人说："你们家的老三是个念书人，怎么弄得这么好，而且挖的木刺还都是带根的？"生产队里干一样的活，给别人7分钱却给我5分钱，我就不服，所以我喜欢做包工活，结果落下了腰肌劳损的毛病。

我小时候酷爱武术，可能与我们家在清代做枪棒教头的祖太爷蒋德泽有关，但因为父亲反对，没有学成。于是我就着迷于我表叔讲的故事，《彭公案》《施公案》《杨香武三盗九龙杯》之类的悬疑和武侠故事是我最爱听的，我还经常借来这样的书自己在煤油灯下读。受父亲影响，我从小也喜欢音乐，喜欢吹笛子。有时候好不容易遇到一个雨天，干不成活了，就吹一天的笛子，把我母亲吵得没办法，拿扫炕的扫帚把我从家里赶了出去。

我七八岁时就开始写毛笔字，我们进山的时候要路过一个红石窑，那个地方的石头都是红的，我就找稍微松一点的，在石窝里砸碎了以后兑水搅和成红泥糊糊，干了以后用铲子铲到碗里面再稀释，用它当墨练字。我的表爷送了我一块方砖，教我在方砖上练毛笔字。表爷教写字的方式很特别，让我每天蹲马步悬腕练习写字，就像练武功一样。

我父亲一心想让我学文化，希望我将来有机会走出去。1969年我初中刚毕业，因大哥受伤，二哥当兵，我开始承担起了家里的生活重担。那时我特别羡慕有工作的人，经常幻想将来要找一份什么样的工作，能离开这个贫穷的地方。为了改变自己的生存环境，我自学了很长时间的中医针灸，但是我骨子里面还是热爱艺术的。那时没有条件买纸和颜料，我就在家

穿上二哥军装的我

里的墙上画，我画的画、写的“毛体”——毛主席诗词，把自家的窑洞都涂满了。

1970年，平凉肉联厂要招屠宰工，给我们崆峒公社分配了5个指标，崆峒公社又给我所在的蒋家沟大队分配了一个指标。因为当时二哥当兵刚回来，已经被分配到靖远煤矿工作，生产队要考虑家里没有工作的人。但其他符合条件的人又没有什么文化，怕录取不上把指标浪费了，我就被算作一个备用的，如果另一个人审验不上就让我去。结果招工的时候把我们两个都招去了，原因很偶然也很简单，因为我的履历表是用工整的毛笔字填写的。招工的人看到我填的表，觉得现在的学生都不上课了，还有人写这么好的毛笔字，真不多见，就把我当作一个文化人录取了。

1970年我在甘肃平凉肉联厂工作

到平凉肉联厂上班，我的工作是刮猪毛，就是把猪身上没有烫掉的猪毛一根不剩地刮干净。这活又脏又累，但我当时干得有滋有味，因为我已经是一个有工作的人了。

没过一个星期，我就被晋升为车间保管员，管工作服、工具、雨鞋，还有生猪、猪肉。每天用鞭子数猪，生猪数要与猪肉数对上，按生猪数交接猪肉。做这工作必须细心，还要有很强的责任心，一点也马虎不得。当时我对这份保管员的工作敬业得不得了，做本职工作之余还学会了使用缝纫机，在业余时间义务给大家补工作服。

第一月我领到 19.50 元工资时，别提心里有多么高兴了。小时候，家里生活是那样困难，我想如果我有一份工作的话，我们家的状况就会有很大改善，现在终于如愿以偿了。此后，每个星期六我都要回家看父母，当时小侄女刚满一岁，每次我都要买一包馒头、10 斤猪蹄回家。另外，我每月都要给父亲 5 元钱。我工作后，家里的生活水平提高了不少。

之后，领导觉得我的毛笔字写得很好，就经常让我抄一些文件，写一些大幅标语，办一些黑板报什么的。再加上我又会吹笛子、拉二胡，也就顺理成章地参加了厂里野营拉练的宣传队。这样，我在厂子里也算是一个活跃分子，很快就成了肉联厂的红人。当时厂里有两三个姑娘对我有好感，有一个经常给我送电影票，还有一个为了和我见面，特意跟别人换班来和我一起值夜班。但我那时候很保守，夜班里我们一起读书、弹琴、讲故事，我给她弹了一夜凤凰琴，数次和她一起值夜班，但连她的手都没敢摸一下。因为那时候和现在不一样，男女之间的交往不像现在这样自由。

1971 年 7 月，大学招收工农兵学员，我一开始没有报名，不是不想报，是不敢报。我觉得我现在的工作已经算一步登天了，19.50 元的工资已经不错，不敢再奢望更多了。但眼看着别人都在报名，我也忍不住报了，当时厂里一共报了 16 个人，我是第 15 个。当时，谁能当上大学的工农兵学员需要全体工人推荐决定，结果大会表决我以 98% 的赞成率胜出。

起初，肉联厂推荐我学制药专业，因为他们认为我曾自学过针灸，还能自己给自己扎针，学医药专业一定会学好。但我更爱艺术，就自己决定去考艺术专业。招生的人拿出艺术院校招生简章让我看，我当时不知道有中央美术学院，只看见甘肃师范大学（现西北师范大学）有个军体艺术系，就报了名。

当时考试很简单，招生的人问我："你会什么？"我说："我会画画、写字、吹笛子、拉二胡。"他让我写字，我写了"无限风光在险峰"。他让我吹笛子，我吹了前不久才跟文工团赵治元学的曲子《我是一个兵》。他让我拉二胡，我就拉了《北京有个金太阳》。就这样，考试结束，我就算是考上了。

因为我们是"文革"中第一届工农兵学员，这在当时是了不起的大事，所以平凉地区打算给将要入学的工农兵学员开一个隆重的欢送会。因当时没有人接班，我没能够参加这次"盛会"，还因为交接工作晚走了几天。

去上大学时我没有褥子，平常在厂里，我们每晚睡的是麦草上面铺的毛毡，总不能背着麦草、毛毡上大学吧。厂里几个朋友一起出钱给我做了一床褥子，父亲给我做了一床新被子，父亲的朋友又给我做了一个木箱子，我就背着这三样东西去兰州了。

到了学校，当时的口号是"为工农兵争光，为毛主席争气"。我深知自己所肩负的重任，但是学什么呢？别人都有一项特长，我好像什么都会，但一项特长也没有，连什么是版画、国画都不知道。

我上的是军体艺术系，军体在前，艺术在后，所以要摸爬滚打，参加军事训练。专业上也是音乐、美术同时学，还要学舞蹈，每天要练功。音乐我选学了二胡和手风琴，美术只学油画，因为没有国画老师。后来分专业时，我拿不定主意，不知道到底学什么。我爱音乐，学得也不错，学画画却没基础。老师说你的声音不错，学声乐吧，但我对自己的形象总有点儿不自信。想来想去，最后还是决定学画，油画、国画一起学。

可以说，当时在业务上我是一无是处，但我有一个优点，就是虚心。我读遍了图书馆经过“文革”浩劫仅存的一些专业书，请教了我的所有老师和同学。学校每晚 12 点断电，我就早上 5 点起床，白天读书学画，晚上临帖写字。大学期间，我“双钩”完于右任的标准草书千字文和张猛龙、史辰、黄庭坚、

我在水库写生

1983 年油画写生

1974 年我的大学班级合影

颜真卿等名家的书法作品。

三年大学毕业后，由于父亲病故，为了照顾母亲，我回到了我的家乡。1978 年我结婚成家，生活安定了下来。作为平凉群艺馆的一名美术工作人员，我开始了漫长曲折，充满苦难和欢欣的艺术人生。

有了自己的第一个画室

1979年1月，我的儿子出生，在这之前，我的岳母和我们在一起生活，孩子三个月的时候，她觉得我们成了她的负担，就让我们自己独立生活。我们没有房子住，无奈搬回了群艺馆里16平方米的工作间。因为孩子小，我又把母亲接来帮着看孩子，我母亲来了之后，小房子里住了三代人。这么小的房间，既要当工作间，又要住家，没有办法做饭，实在是太作难了。1979年的七八月，我打算在工作间北边盖一个小灶房。

我住的这排房子是坐东房，从南到北共四间，我住在最北头。距门口1.5米左右是一座正北房的侧面，所以我的房子常年没有阳光，房子后面是群艺馆的厕所。去厕所有两条路，一条是从南边走，另一条是从北面经过我家门口。刮东风的时候，厕所的味道就全都飘到家里来了。这还不是最让人为难的，最难的是我们没办法做饭，我也没办法画画。

当时我们的老馆长调走了，副馆长下乡了，由老会计王天一代管着群艺馆的日常事务。我就去找王会计说："我想把北头这个地方堵起来弄一个灶房。你看我妈妈来了，孩子又小，没办法工作，也没办法做饭，住着也不方便。"王会计这个人特别善解人意，他说："你盖吧，反正馆长不在，等他回来我再跟他说说。"有这句话我就放心了。我反复量了位置，我们群艺馆的院墙是斜的，房子是正的，我的房子北边距离院墙只有 1 米，但后面却有 2.7 米宽的空地，构成一个喇叭头的形状，我就琢磨怎么在这里盖一个属于自己的灶房。

我和大哥带了镰刀、斧子到山里面去砍了一些不受林业部门管制的老沙棘刺棒，因为这种沙棘树长不到 10 年就死了，我们就选了稍微端正一些的当椽子使。整整一天，大概弄了 100 多根长短不一的沙棘刺棒用车子拉回来。我们租了一辆拖拉机，拉了一些麦草和土，一些砌墙用的土坯。又在市场上买了一个简单的门框，把旁边用土坯塞满，除留了一个窗户外，就顺着群艺馆 2 米高的围墙一直垒上去。然后用沙棘棒子在上面搭了一个斜坡，用买来的一卷油毡盖到上面，再用泥糊住，我的小灶房就算是盖起来了。说是灶房，其实简陋得就像个牛棚一样。手巧的大哥把墙泥得溜光溜光的，在空间小的这头盘了一个锅头，在空间大的那头盘了一个炕，因为我母亲要住热炕，锅头的热气可以把炕再烧热。整整折腾了半个月，把我和大哥，还有我的一个学生折腾得筋疲力尽，不过我总算如愿以偿了。

在我还没有从疲劳中缓过劲时，我的这间灶房就出事了。我们群艺馆有一个人，我平时尊称他为老师。我的房子刚刚盖好，他就给我们的领导打了电话，说我的这间房子影响他上厕所了，必须马上拆掉。于是领导就非要我把灶房拆掉。我对领导说："你不在时，我跟王会计打过招呼了。"领导说："跟谁说了也不行。"馆里其他人见我费了九牛二虎之力，好不容易才盖起这间灶房来，都帮我跟领导说好话。但领导坚持要让我把灶房拆除，还说要把我告到文化处，说我不听话。

我只好几次去找领导沟通，求他手下留情，希望他能考虑我家的实际困难，拆了这间房，我就没办法生活了。但领导说我影响了单位的形象，在会上宣布，勒令我7天之内必须拆除，不然就请工人给我拆除。

当时我的心情很不好，本身盖那个灶房就累倒了，加上妻子嫌我太窝囊，要跟我离婚，孩子又太小，还要喝牛奶。生活已经很紧张了，租拖拉机和买那些乱七八糟的建材又花了不少钱和精力。我怎么都想不通，有点绝望了，感觉忍耐力已经超过了我的极限。在身体和精神都超负荷的状态下，我产生了现在看来非常可怕的一些想法，并且也在行动上做好了准备，静等7天期限的到来。

然而天无绝人之路，就在7天期限最后一天的关键时刻，我们群艺馆来了一个人，叫蔡学士，是当时我们平凉的三大才子之一，以前还当过平凉市的宣传部部长。蔡学士来到群艺馆，四处看了一遍后问："听说蒋志鑫在院子里面盖了一个灶房，我怎么没看见？"有人领他到厕所边上指给他看，他进去看了后没说话就走了。此后的几天，馆里的领导也再不提让我拆房的事了。

一周后，蔡学士正式就任群艺馆馆长，在第一次见面会上，他说："我们群艺馆里都是知识分子，党中央要求我们要关心知识分子。有人反映说小蒋在院子里面盖了一间灶房，影响了群艺馆的形象。我去看了，在厕所边上盖的灶房都是柴棒棒弄的，凄惶得不得了啊！现在为了解决这个问题，咱们给住家的职工每家都盖一间灶房，把蒋志鑫那个草棚也拆了重盖，盖一个好的！"

结果，我的"茅屋"就这样变成了砖房，我在墙上钉了画板，成了我的第一个画室。

我在这间画室里关起门临摹了两年多的古画，特别是《石涛画谱》和石涛的其他山水作品，而这些画作是我艺术生涯的领航之作和指路明灯，让我受益一生。这间房是我艺术生涯中不能忘怀的摇篮。

杨家山酒后历险

1981年，大年初五，天气晴朗，刮着风。

我和妹夫去杨家山给我姑爷爷和姑奶奶拜年。那是我妹夫跟我妹妹成亲的第二年，我妹夫第一次上麻武山，我理所当然成为向导。从蒋家沟到杨家山也就不到20里地，我们从庙里一直到后河，上四六沟，上庙沟，再上盘坡，才到杨家山。到了姑奶奶家里，姑奶奶、姑爷爷高兴得不得了。妹夫第一次到他们家里来，再加上是大年初五，年还没有过完，姑奶奶做了特别好吃的饭菜。她先是调了一大盘凉菜，把晒干的蕨菜、瘦肉和自己家里做的粉条精心炮制，垒成高高的一盘给我们下酒。还炒了回锅肉、野蘑菇和很多农村里的山菜，都是难得的山珍，摆了一大桌子。姑爷爷平时不喝酒，那天一定要跟我们喝酒猜拳，喝着喝着，我妹夫冷不丁地说那天是他的生日，于是就又多喝了几杯。

因为我们当天必须赶回蒋家沟，第二天我要回平凉上班，春节期间群艺馆的工作比较忙，妹夫也要回100公里之外他工作的崇信县，所以为了抓紧时间，我们边猜拳边喝酒，大杯大杯喝，喝的速度也比较快，不知不觉，不到40分钟就把两斤白酒喝光了。

我们匆匆吃了一些姑奶奶准备的东西就要赶忙上路，姑爷爷、姑奶奶要我们住下，不让我们走，说冬天的白天很短，加上路上积雪很滑，不能赶夜路，但我们都有事不便久留，尤其妹夫执意要走。

没想到出门迎风一吹，我们走到离盘坡不远的地方，两个人都醉了。我吐了，妹夫也吐了，我们就这样踉踉跄跄、连滚带爬地下了盘坡，到了庙沟。原来我们生产队在庙沟这里盖过两间房子，父亲在这里给生产队放过两年牛。现在房子都拆了，还剩下四面的残壁断墙。我们打算在这里歇息一阵再走，刚坐下没说几句话，妹夫忽然身子一歪就从旁边的一处陡坡上滚了下去。好在坡不算太长，我赶忙跑下去，好不容易把他弄了上来，放在平地上，让他静静躺一会儿，但没想到，他的眼镜找不到了。妹夫近视，没眼镜是不行的。为了找到他的眼镜，我用手划拉着他滚下去的山坡上的积雪，大概花了一个小时才找到他的眼镜。而此时，妹夫已经醉如一团泥了，嘴里只反复喃喃地说："我要死了，我要死了。"

小时候出门，父亲都要说："孩子，出门不能空白手，要拿个鞭杆挡疯狗。"所以我出门有个习惯，手里都要拿根不长不短的棍子。我拿棍子在他的屁股上抽了一下，说你装什么蒜，他还是那句话："我要死了，我要死了。"看着天已经黑下来了，我扶他站起来，他像面条一样扶起来又倒下去。没有办法，我只好把他抱在一个塄坎上让他坐好，然后背着他下山。他的两条腿软得像面条一样耷拉着，我背一阵就要把他的腿往上抖一抖。

穿过一条小河，到了煤颈子，我小时候，那里是产煤的地方。一路走一路歇，走一会儿，我就得把他放在一个高点的地方歇一歇，还不能松手，一松手他就倒在地上了。就这样，走到红石腰，上了那里新修的一条路，我已经汗流浃背。

红石腰在太统山的峡谷里，那是1958年“大炼钢铁”期间开出的一条小道，十分陡峭，那里的石头都是红色的，所以就叫作红石腰。小时候我们在这里捡石头，把石头碾碎当红土，用来写字。那里的路是新修的，一面靠山，一面就是太统山的谷底，底下有一条河。紧挨着谷底不很宽，也就十多米的样子，就是另一侧山，脚下的路就挂在两座山中间的石壁上。路面到谷底是很陡的斜坡，低处有十几米，高处有30多米，走在上面要特别小心。

妹夫的个子比我矮小，他的腿耷拉着，走着走着我已经很累了，没有注意他的腿钩到了石头上，又把我的腿一钩，我们两个人同时摔了个倒栽葱，一下滑到了谷底。这简直太惊险了！幸亏坡上的雪很厚，滑下去后，我先摸了我的头、我的胳膊、我的腿，把自己齐齐摸了一圈，觉得还能站起来，好着哩，再摸妹夫的胳膊和腿，都没有折断的迹象。但他嘴里还是那句话：“我要死了，我要死了。”离我们一米多远的地方就是一块大石头，要是再稍偏一点，我们就没命了。

当年，那里是有名的狼嵝岘和鬼嵝岘，是“煞气”最重的地方，也是最“硬”的地方，恰巧我们就栽到那里了。我背起妹夫，抓着树梢朝上爬，没想到把树梢拉断，两个人又滚了下去。妹夫躺在地上，我已经筋疲力尽了。天已经很黑了，大概八九点了吧，我想到口袋里还有几个小鞭炮，摸出火柴还能擦着，就放了几个小鞭炮给自己壮壮胆。休息了一会儿，我用雪把脸擦了几把，又背起他。坡爬不上去，就沿着河往前走，走着走着，两个人又摔倒在地上，挣扎着爬起来继续走，三步五步，不是东倒就是西歪，我们两个人在雪地里跌了一路的雪坑。一直沿河道朝前走，走到党家山从红石腰去太统山的一条斜路上。这条路我熟，我就背着他从这条斜路一直爬到正路上，我才长出一口气。他嘴里还是那一句话："我要死了，我要死了。"他身上一点支撑的力量也没有。我已没有力气，只好一只手拉着他，架在我脖子上，另一只手搂着他的腰，一步步朝前挪动。过了泾河，上庙坡到了虎渡口的时候，他好像自己能动了，也清醒了一点，能站住了。就这样，我一路拖着他，到了我们家的坡底下，他才完全清醒，才能走路。我问他："你到底是装的还是真的不能走路了？"他说："我不知道啊！怎么回事，我是怎么回来的？"我说："你害死我了！"

一路上，我穿的棉袄都湿透了，等我们进了家门，已经凌晨1点多了，把我母亲、妹妹都吓坏了，家里人没想到我们会回来。我们头皮都磕破了，自己也看不见，这才发现两个人脸上都是泥土，都是血，汗毛竖着。我母亲以为我们是被鬼追了，就找碗和筷子给我们送鬼。我说我好着哩，我踢了妹夫一脚，说："他这一路害死我了！"

打水洗脸，然后一觉睡到天亮。

这件事情虽然过去这么多年，但我常常想起。每次我的妹夫来了，我总会提起这件事情，我问他："当年你到底是想害我呢，还是怎么回事？"他总是笑着说："我怎么会害你呢？那么长的路，十几里地让你把我往回背？"

两个人从几十米高的山坡摔下去，只蹭破了点皮，真是福大命大！我说，将来一定要把它写到我的回忆录里，不写的话，我心里就像缺点东西。

第三章·遇见恩师

到北京画院进修

我是一个从底层走出来的人，一没背景，二没靠山，一切全靠自己努力。1982 年，北京画院的著名画家王文芳来平凉采风写生。闲暇时他给我们讲课，边讲边示范，使我的思维豁然开朗。有一天我拿出写生稿向他请教，王老师打开一看，很是吃惊："画了这么多！"王老师一张张看完后，告诉我："你现在的问题不在技法，而在眼力。"当时，馆里需要一个给王老师引路并照料他生活的人，就派我充当了这个角色。我跟着王老师早出晚归，翻山越岭，一个月下来，王老师跟我十分投缘。回到馆里后，王老师就主动跟馆长提出让我去北京进修，并拿出 50 元钱给我，说这是你进京的路费。这时的群艺馆馆长已经换人，新馆长也是画画的，算是我的同行。开始馆长坚决不同意，经过多方斡旋，他总算同意了："好！只给你发工资，不报销其他一切费用。"

我当时每月只有 39.50 元的工资，孩子还小，每月还要给母亲 10 元钱生活费，我的妻子每个月工资也不到 10 元，大家都以为我会因为经济原因放弃这次机会，可我没有，因为我绝对不能放弃这样一个千载难逢的机会。

我向一位亲戚提出借点钱，当时她痛快地答应了："等你走的时候来，我借你 100 元。"临走前三天，我跑到她的单位，她当时在和同事聊天，我看到人多，不好意思直说，就说："你能出来一下吗？”她说：“你有什么事，你说嘛！”我说：“你不是答应借我100元钱吗？我后天就要去北京进修了。”她却说：“钱这个东西是个硬头货，说借就能借吗？”她不但没有借我钱，还把我损了一顿，这对我打击特别大，当时我都不知道自己是怎么走回去的。没办法，第二天，我只好把自己的一辆半新不旧的自行车推到市场里，卖了80元，凑足了路费。

这80元钱，从平凉到宝鸡花了7.60元，从宝鸡到北京又花了21元。那天火车超员，没有座位，一直站到郑州我才找到一个座位。因为对北京不熟，我在宝鸡就给王文芳老师发了一封电报，把自己所坐火车的车次告诉他，请他来接我。没想到火车晚点4个多小时，王老师一直等到夜里12点才接到我。北京的3月，风很大，非常冷，王文芳老师在火车站等了我四五个小时。深夜里，已经没有公交车了，我们背着行李，步行到北京雨儿胡同里北京画院齐白石的老院子，走到那儿的时候已经快凌晨2点了。

到家后，王老师给我煮了一大碗挂面，挂面里面放了香菇和虾米。我端起就吃，那挂面有些还没煮熟，连香菇都没煮透，可我当时肚子很饿，吃了一大碗，觉得很香。吃完挂面，王老师拿出一瓶日本的清酒，一小瓶就是半斤，我们两个都喝了。喝完酒，该睡觉了。我以为王老师这样的大画家，家里的房子一定很宽敞，可他的卧室也就8平方米，他也把一间厕所改造了，多了4平方米的空间，作为他听音乐和吃饭的地方。房子西面是窗户，南北面是书柜，只有一张窄窄的单人床，中间有一点空隙。我问王老师：“咱们怎么住？”

他说有办法。他找了两把靠背椅，两把藤椅，四个椅子对在一起拼成一张床，上面放了一张三合板，再把褥子往上面一铺，自己盖一床被子就睡在上面了。我觉得自己年轻，应该让老师睡到床上，我拉他，他却不动。我再坚持，他对我说："不睡就出去！"我这个人是倔脾气，但是老师比我还倔，我睡也睡不着，心里酸酸的。我知道，老师觉得我坐车劳累，想让我好好休息。可是我心里总觉得对不住老师，一夜也没有睡着，早早就起床了。

第二天一早，王老师把我带来的很多速写一张一张全部看了，然后就安排我在他的画室里画画。他的画室曾经是齐白石先生画画的地方，当时有四个人在里面画画，老师把他的桌子和画板让给我，而他回到家里画，我心里特别过意不去。等到晚上我回来，他又睡到椅子搭的床上，把床留给了我。第三个晚上，我早早地动手，把两把藤椅和两把靠背椅放好，先躺在上面把地方占了，把床让给老师，让老师也舒舒服服地睡一觉。

我跟着王老师进修的时候，他从来不让我临摹他的画，总是不厌其烦地教给我一些技法方面的知识。同时，他还给我介绍了贾又福老师。贾又福老师住在棉花胡同，王文芳老师住在雨儿胡同。贾老师每个星期六都来看我的画，非常认真，有时候还提笔亲手给我改画。在那段时间里，

我在平凉群艺馆

老师经常带我拜访尹瘦石、白雪石、秦岭云、崔子范、李可染等老一辈著名画家，以及老师的好朋友彭培泉、贾浩义、杨达林、金连经、杨延文、刘春华、吴修等等。他们经常开山水画研讨会，老师都要带我去听听。那时候王老师对我有一个特别的要求：在艺术上，你可以坚持自己的观点，可以跟老师争执得面红耳赤，不要违心附和，错了也不要紧，要真诚，要按照自己的艺术思维往前走。王老师还有一个规定，不能跟任何人要画，可以看，但不能张口要，有个别画家会送，则另当别论。

老师经常在下雨天带我去吃北京的名小吃，喝小酒，他说："这次你来北京，我要带你吃遍北京所有好吃的。"他夏天还带我到什刹海学游泳，用两只手托着我，教我怎么用力。我们还经常一起到美术馆去看展览，那年夏天我们看了周韶华老师的"大河寻源"展。因为王文芳老师和周韶华老师是好朋友，我看了三次周老师的展览，对我的震撼、启发很大。周老师的画，画出了我想说而不知道怎么去说、想画而不知如何去画的东西。看了他的画以后，我好像突然领悟了很多东西，感觉找到了艺术的真谛。从那时起，我便经常和周老师联络，向他请教艺术创作上的问题。

王文芳老师的『天』塌了

王文芳老师住在北京雨儿胡同齐白石住过的老院子的东厢房。屋子很小，屋内整个空间也就 8 平方米。受光的西边是一扇窗户，两边是王文芳老师的两个书柜，东边是一张单人床，中间也就留下 3 米长、1 米宽的一点地方。每天晚上，我们就在这斗室之中，将两把藤椅放两头，中间搁两把靠背椅，上面铺一张三合板，放上被褥，这就是我的临时床。

北京的 3 月经常刮风，夜里睡着睡着，顶棚上面就会漏下来一缕缕细细的土线，像沙漏流下的沙线一样，有时候掉在我的脸上，有时候掉在我的衣服和被子上，有时候掉在王老师的身上。这些土是从哪里掉下来的呢？白天我仔细观察，发现已经很破旧的纸顶棚上有一个个针眼大的小洞，纸顶棚向下塌陷成几个下垂的包，这些包盛着厚厚的一层从房顶上垂落下来的碱土，加上顶棚的支架年久失修，已经摇摇欲坠。

我想把这个旧顶棚修理一下，再糊一层新纸。一天，王老师到北京画院去开会。我趁他不在，就赶紧找了点面粉打了一些糨糊。我在看门的吴大爷那里找了几根旧扫帚的杆子，抬着下垂的土包作为支架，然后找了些旧报纸，开始糊将起来。才糊了一小半，王老师突然回来了，他看见我在糊顶棚，二话没说，上前两把就把我糊的顶棚纸给撕了下来。我问："为什么？"他说："不为什么，不让你干你就别干，画你的画

我与恩师王文芳在平西府

去”。我无奈地笑了一下，不让糊就算了吧。我就去王老师的工作室画我的画去了。

没想到第三天的早晨天刚刚亮，5 点多钟吧，我们还没起床，突然扑通一声，王老师的“天”塌了！

不由分说，我们顿时变成了土人。更可怕的是满被褥乱窜着大大小小的土鳖，再看房顶和墙壁，那些土鳖如惊弓之鸟，上下乱窜寻觅它们的栖息地。有的土鳖屁股扁平而圆，有的长着翅膀，但都长着好几条腿，跑得很快，让人看了浑身起鸡皮疙瘩，觉得恶心又惊恐不安。这可不是一般的害虫，我当时问王老师有什么方法把它们彻底消灭掉，他摇头表示无奈。我用扫帚扫房顶上掉的碱土和灰尘，不停地拍死那些被我扫出来的孽障，原来京城的这种老屋顶上的碱土就是滋生土鳖的摇篮，奈何不了它们。

师生二人从上至下一簸箕一簸箕地清理着尘土，被褥和衣物已在第一时间被搬到院里。在清理地上尘土的同时，我仍不停地踩死那些流窜的土鳖，屋里一片狼藉。我不断移动着双脚，怕它顺着两条腿钻进我的裤腿里。清理完尘土，我俩对眼一看，除了两只眼睛和牙齿外，其他地方活像两个土著人，随后两个人一阵狂笑。从此，我再也不敢穿宽松的裤子睡觉了。

1983 年我与王文芳老师在洛阳白马寺

跟着老师去采风

王老师带我去河南，他自己要讲课，就让我去采风。在安阳，老师讲课的时候，我就骑着自行车一个人到红旗渠写生。那一次我们把中州大地跑了个遍。因为王文芳老师是著名画家，去郑州出版社时，人家请王老师写字，王老师就推荐我，对他们说："他才是书法家，是科班毕业的，他的书法写得比我好，让他给你们写吧！"我是一个无名小卒，但是王老师这么一说，那些人为了给王老师面子，只好让我写。我从小练习书法，但平时都是一个人在家里关起门写，哪敢当着人的面写呀？再加上七八月的河南非常热，我本身就汗流浃背，人家这么一说，我更是紧张得汗珠在脸上流个不停。我提着毛笔，手都在颤抖，那些人年龄都比我大，把纸给我铺好，我只好豁出去了。记得我写的第一副对联是："开张天岸马，奇逸人中龙。"据传这是陈抟老祖手书的一副对联。我写完之后，那些人都说好。那个下午，我一口气写了40多幅字。由于第一张写好了，慢慢地胆子也大了，心情也放松了，汗也不多了。那是我有生以来第一次当着众人的面写字，那天晚上真是兴奋得睡不着觉，我对老师说："我知道您把我推出去，是在锻炼我的胆量。"

在河南，王老师为了让我多看一些地方，明明自己去过，却对我说没去过，让我陪他去。到了以后，他在屋子里画画，让我出去采风，我也因此参观了很多名胜古迹。看完河南，我们又到湖北走了一个多月，一路写生。回来后，我感觉自己像是一个全新的人，画画时得心应手。出版社打算出版一组四条屏，老师为了扶持我，他只画两条，一定要我画两条，由河南美术出版社出版了。

有一次，我在北京画院画了一幅崆峒山，拿到院子里去晒，院里的画家问我画的崆峒山是什么地方，我说这是我的家乡。他们说有这么美吗，我说我的家乡比我的画漂亮多了。加上王老师也给他们介绍，当时就有几个画家决定到平凉崆峒山采风。

近一年进修期的生活费用都是王老师替我负担的，我心里很过意不去，快要离开的时候，写信让妻子给我寄了200元钱。当时钱要寄到北京画院王老师那儿才能转给我，王老师收到汇款单后，没跟我打招呼，就到邮局把钱取出来又退回去了。填退款单时，邮局没有笔，他花了1.58元买了一支圆珠笔，回来他跟我开玩笑："这1.58元你给我报销吧！"我弄不清楚怎么回事，他说："谁让你跟家里要钱的？既然让你来，我就有我自己的打算。谁让你向家里要钱，害得我还买了一支圆珠笔！"

在北京这一年，我常常感觉自己被包裹在幸福中。有时候老师不在，我赶紧把他的衣服洗一下，他回来还要骂我。他自己洗不干净，马马虎虎地洗一下就晾在那儿了，我一看洗得不干净，就取下来重新洗。说到吃饭，好笑得很，我们买上黄瓜、芹菜、新鲜的大蒜，还有蒜薹，拌上一大盆，放上盐、醋、酱油，就着烧饼生吃，再喝一杯北京的二锅头。那个时候，北京的二锅头度数很高。要不就买挂面吃，在茶壶里面煮，或者干脆就到街上去吃饭。

10 月底，北京开始冷了，我也要回家了。老师把票给我买好，光是送我的书就有两箱。为了拿走这两箱书，北京画院的门房老大爷还把扁担送给了我，他说这是齐白石老爷子顶门用的扁担。我把两箱书一挑就上路了，老师送我上了火车。临别时，老师还让我给母亲带了一盒酒心巧克力，他知道我孝敬母亲。

面对老师，我说不出话来，是恋恋不舍，又是感恩难言，一路上想起来就流泪。我想我一个农民的孩子，老师的恩情无以为报，只有发奋画画。

1981 年崆峒山速写稿

《崆峒四月》

（55cm×100cm，1983 年）

1983 年速写稿（1）

1983 年速写稿（2）

1983 年郑州写生作品

1983 年武当山写生作品

第四章・踏进艺术殿堂

回到平凉后，我不敢有丝毫的懈怠，一心认定必须对得起王文芳老师。我想，周韶华画黄河魂，那我们黄土高原的魂是什么呢？带着这个问题我重新在平凉一带采风，找寻黄土高原的灵魂。

有一次在高驾山，我早上起来得很早，正在选择画画地方的时候，突然看见一个犁地的人和他的牛。我从底下往上看，人和牛就在天边，太阳刚出来，这个时候，人和牛犁过的地，冒着腾腾的蒸气。人和牛的这种力度、这种姿势让我豁然开朗，这不就是黄土高原的灵魂吗！我忽然想：世世代代的人，生于斯，长于斯，这黄土高原的人和牛就是黄土高原的灵魂。我找魂，找了这么些年找不着，实际上它就是我们平时司空见惯的东西。犁地对我来说太熟悉了，我十几岁就开始犁地，但是这么长时间我自己怎么就没有发现，没有感觉呢?!

我想我一定要把黄土高原表现出来，但是怎样表现黄土地，是一个新的课题。石涛有一句名言："无法而法，乃为至法。"王老师让我画自己的感觉，我开始尝试各种方法，用线用面，最后在毛笔笔根蘸上颜色，笔尖上调上墨汁，一笔过去分出深浅，既有线也有面，进行了几十次的尝试后，终于画出一幅犁地的人和牛。犁地的人和牛在天边把深厚的黄土高原有力地划开，画面很有力度。我给这幅画取了一个名字，叫

1985 年我在平凉群艺馆工作

《黄土魂》。

这时，正好平凉群艺馆有一个展览，我就把这幅画送了过去，结果没选上。领导说："你画的什么？现在都是用拖拉机耕地，你画了一个'二牛抬杠'，太落后了。"我很沮丧，就在画上写了一段文字，想通过这些文字把我的画解释给大家，原文是："他是你的儿子，有和你一样褐黄的肤色，他奔腾的热血的源头和你的历经沧桑的生命一样久远，他心灵的原面也和你一样，遭受过暴风雨的打击和流水的无情劫掠，却依然保持了那凝固的波涛般的雄浑。他正顽强地把记忆中的美好和世世代代的憧憬开垦耕耘。"

不久后，甘肃省举办了一个青年美术展，我就把这张画投了去，结果评上了三等奖。这是我第一次获奖，高兴得不得了，感觉自己得到了美术界的一点认可。从那时开始，我关不住闸了，创作欲望就像决堤的洪水，在两三年的时间里画了 200 多幅作品。越画心情越好，特别是画了一些表现黄土地的大幅作品后。

由于我一心扑在创作中，忽视了现实生活中的一些事情。当时正赶上中央要抽调干部参加农村整党工作，单位就派我去参加，说这是组织对我的“重用”。

一开始，我被分配在宣传部整党办公室工作。大家知道我会画画，经常拿一些纸来找我画画、写字，我就给他们画和写，大家相处得都很高兴。时间长了，有一次，我对主任说：“给我找个理由，让我去一趟关山好吗？”主任知道我是要到关山去采风，就派我去关山调研那里的整党情况，最后我把他们的材料带回来就行了。关山冬天的早晨很冷，霜下来后，树上银装素裹，我画了很多速写。

第一批整党工作还没有结束，馆里又决定让我去下乡。这次是去草丰原，我所承包的大队的支部书记姓赵，很能干，又很爱艺术，跟我成了朋友。我的主要工作是催粮要款，监督已超生的妇女做节育手术。我速写本不离手，有时间就在草丰原畔上写生。晚上，赵支书把他们家的毡子和五合板都拿来给我当画板，又给我拿来一个200瓦的大灯泡，让我画画。到1986年，我已经创作出来很多作品，《离离原上草》《地老天荒》等就是那时创作出的重量级作品。

1986年，王文芳老师应平凉群艺馆邀请又来平凉讲课，我就找机会把我的画拿给老师看。老师看后特别高兴，说这几年你真的玩命了，画了这么多的好画！我说我想在中国美术馆办一个展览，他说："你在朝阳剧场或者北京画院搞一个展览就不错了，这在甘肃美术史上都是没有的，去中国美术馆办展览谈何容易。第一，要那么多资金；第二，审查太严格了，通不过怎么办。"我说："你们和我不一样，你们是著名画家，你们审查不通过会觉得没有面子，而我是一个无名小卒，审查不通过也无所谓，提些意见我再努力。"王老师说："既然这样，我回去帮你了解一下情况。"王老师回京后不久就给我写了一封信，把有关手续和费用都一一列了出来。算下来，在中国美术馆办一个展览需要7000元。

可这些钱从哪儿来？

这时，我在地委宣传部整党办公室工作时认识的一个朋友向地区财政局的高处长介绍了我的情况和遇到的困难。高处长做事特别认真，他听后亲自到我们家里来看我的画。我打开了好几捆作品，把他感动了，他说："你有什么要求尽管说。"我说："我想裱一下我的画，没钱裱不起。"他问："你需要多少？"我说："200多幅画最少也得2000元。"他二话没说，一回去就通过文化处给我拨了2000元，讲明是拨给蒋志鑫的

2006 年夏，我与雷钧涛在平西府

专项裱画费。这笔钱拨下来后，因种种原因被扣了，实际上并没有到我手里。钱被扣了，画没裱成，我只好把画简单托了一下凑合，但办展览的 7000 元又从哪儿来呢？

在 1986 年，7000 元还是一笔巨款。我的一个学生叫雷钧涛，是平凉地区泾川县窑店镇的农民，我 1976 年在他们村上蹲点，推广小靳庄经验，他跟我学画画。他听说我要在北京办展览，就跑来对我说："蒋老师你去，你给我们这里人争光去，至于钱，咱们大家想办法，我给你凑 5000 元，你去北京路过窑店时到我家里来拿。"我的同学李娴为了借给我 1000 元，还开了一个家庭会议，她哥哥坚决不同意，说："办展览是'肉包子打狗，有去无回'。你把钱借了出去，他怎么还？"她说："我相信我的同学。"她把她爸爸存了 1400 元的存折交给我，让我取了1000元。

我还有一个朋友叫戴国华，我觉得他称得上是甘肃省乃至全国的佛像泥塑大师。我认识他的时候，他在街上卖字，我感觉他很有才华，便请他到家里坐一坐，后来我们成了哥们儿。我跟他说想到北京办展览，能不能想办法给我凑点儿钱，他就去找他的姑父和舅舅。他的姑父和舅舅都是佛教居士，把自己化缘来修庙的700元钱借给我一两个月，说展览办完回来还钱就可以了。再有一个就是我麻武山老家的姑爷爷，他卖了一头牛，把360元钱给了我，说："这是咱家对你的资助。"

那个时候，我已经下定决心要到北京办展览，我看钱已经凑得差不多了，又领了一个月的工资45.50元，准备去北京。

当时，我还在草丰原，但得跟原单位领导请假。可这个假请得费劲，来回折腾了8次。8次碰壁以后，我豁出去了，去找地委主管文化的书记张新民。到了他办公室外，秘书把我拦住，说："你有什么事，书记忙着呢。"我说我就说3分钟的话，当时由于情绪激动，我说话声音特别大，结果被书记听到了。我就说："张书记，我是群艺馆的画家蒋志鑫，我这些年来画了一些表现黄土高原的画，想在北京办一个展览，宣传咱们这块土地，我有没有错误？"我被人惹恼后胆子大得不得了，语气里带着质问。张书记说："你没有错，这个对着呢！"我说："我已经和单位周旋8次了，不要说给一分钱，连请假也不准。"张书记问："是不是真有这个情况？"我说："你可以到文化处的群艺馆了解。"他说："那我跟他们说，你先回去。"

我一看有回旋的余地，赶紧又去找整党办公室的主任高纪录请假。那时正好因为我给蹲点的大队办了一个图书室而被整党办评上了优秀，高主任痛快地说："你忙你的去吧，这里有我们呢。”

终于要成行了，我二哥把去北京帮忙的戴国华和我送到西安。车到泾川窑店，雷钧涛早早就在车站等着我，给我递上来一大包钱。我打开一看，最大的票面是5元的，其余都是2元、1元的，一共5000元。他自己卖了刚孵出的小鸡赚来3000元，剩下的是他从朋友那里借来的。钱里夹着一封写给我的信，他在信中说：“此次你去，如牛负重，不一定能成功，不成功也不要紧，但是必须历经这次考验，希望你成功。”

到了西安，我们带着三捆字画要乘火车时，乘务员却不让我们上火车，说我们带的东西超长了，要我找车长签字。当时，汽笛都响了，我像疯了一样背着画找到车长，希望他能手下留情，给我们通融一下。车长是个年轻小伙子，看到我们的态度很诚恳，就给我们写了一张字条。坐上火车后，二哥和我们招手告别时，我的嗓子干涩得已经说不出话了，嘴里连一点唾液都没有。就那一次让我落下了一个毛病，现在一紧张嘴里就没有唾液。

到了北京，北京画院已搬迁到朝阳公园附近。在新盖的院子里，王文芳老师有了一个小套间，我们把画放到那儿，7000元钱放到老师的桌子底下。老师开玩笑说：“这么多钱，还不如在北京买架钢琴驮回去。”我说：“不行，必须在中国美术馆办展览。”

我和戴国华把画送到中国美术馆展览部，展览部的主任叫毛贵昌。全国各地要在那儿办展览的人都要把作品拿到展览部先审查，审查通过以后，排队半年，才能展出。我们是1986年12月2日离开平凉，3日到北京的，差不多隔一天就去问一次审查进度，答案总是还没有审查。这一过就是半个多月，我心里越来越紧张。

我和朋友在王文芳老师家客厅的沙发床上睡觉，和老师一起吃饭。12 月 23 日，北京响了一夜的鞭炮，我感觉奇怪得很，不知道这是在庆祝圣诞节。

24 日，我们到美术馆去看，毛主任对我说："你这几天怎么没有来，我正要找你，告诉你一个好消息，你的作品审查通过了。"我说："你可不要跟我开玩笑，我的压力已经很大了。"他说："没有开玩笑，刘开渠亲自看了，说你的作品有地域特色，有个性，让你选得精一点，书法少一点。你的领队是谁？来办相关的手续吧。"我说："我哪有领队，我自己就是领队。"他说："哪有你这样单枪匹马办展览的！"我说："毛主任，我跟你实话实说吧，我来的时候我们单位就不给假。我们那里是一个偏僻的地方，领导有一些观念跟我不一样，他们认为我这是个人奋斗，我是冒着风险来的。你们审查通过是一件好事，但你得给我们地区相关单位发一个正式文件。"我把地址都给他留好，除了平凉群艺馆、平凉文化处、平凉文联，还有甘肃省文化厅、甘肃省文联、甘肃省美协的地址。

毛主任把正式文件发下去，平凉群艺馆和平凉文化处来了文件，不同意署名，只有甘肃省美协和平凉文联同意署名。

说来我的运气还算不错，本来手续办了，定金交了，得排队半年以后才能展出，但恰巧这时美术馆展厅有空，我的画就可以提前展出了。9 幅书法，60 幅画，一共 69 幅，全部都上了板子。画上了墙，打上灯光，就像新娘子穿上婚纱一样，感觉特别漂亮。展览于 1987 年 1 月 13 日开幕，前言是王文芳老师写的。老师写完前言后，9 日去了甘肃陇西讲课，因为这是事先就答应人家的。老师走的时候，对他书画界的朋友再三叮

1987 年 1 月我在中国美术馆

嘱，让他们帮帮我。刘德舟和杨瑞芬夫妇请了一些记者，非常热情地帮我做了很多前期宣传。

初尝成功的滋味

展览开幕那天没办开幕式。

那天正是著名画家袁运甫先生的展览开幕，他是中央工艺美术学院的副院长，是大画家，他请了好多的名家，来宾很多。我借了袁运甫老师的东风，看画的人很多。那天，我穿着老师给我买的呢子大衣，戴个礼帽，很绅士。第一个来参观的是美国的女画家潘苏珊。我的老师贾又福带着他的众多外国留学生来了，北京画院的好多朋友也都来了，有周思聪、张仁芝、贾浩义、杨达林、杨延文、金连金等。北京画院的院长尹瘦石夫妇也来了，理论家马克、邵大箴来了。好多名家，我都知道名字，却对不上号，刘德舟先生就一个个给我介绍。那天的人很多，有的我连握手问好都来不及。记者把我包围了，记者问我现在的心情怎么样，我说比我娶媳妇都高兴10倍。那天，从早到晚我都没有吃饭，高兴极了，说话说得嗓子都沙哑了，只好跑到卫生间，拧开水龙头喝口凉水润嗓子。展览期间，我还认识了首都博物馆的崔宗汉先生，他是一个老革命，山东人。看到我的作品，他非常喜欢，问我美术馆收藏我的作品没有。我说没有。他说："那我跟他们说，让他们来看看。"第二天，美术

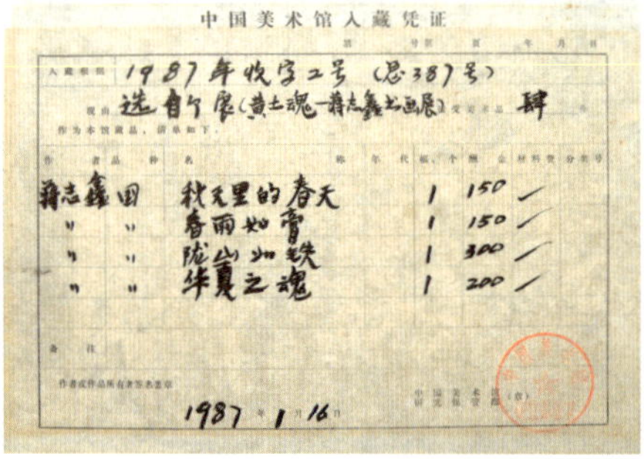
中国美术馆入藏凭证

1987年收字2号（总387号）

选自个展（黄土魂—蒋志鑫水墨画展）

作为本馆藏品，清单如下：

作者		品名	件数	金额	
蒋志鑫	国	秋天里的春天	1	150	✓
〃	〃	春雨如膏	1	150	✓
〃	〃	陇山如铁	1	300	✓
〃	〃	华夏之魂	1	200	✓

备注

作者或作品所有者签名盖章

1987年1月16日

中国美术馆（章）

中国美术馆入藏证书

1987 年我与贾又福先生在中国美术馆

馆展览部的刘砚等，初选了我的7幅作品，最后收藏了4幅作品，给了我800元钱。荣宝斋的蔡经理也派人来收购了12幅作品，给了我2100元。那天，我高兴得不得了，正好彭培泉老师请我们到他家里吃饭，我说今晚必须喝酒，彭老师说他不喝酒，把酒柜子打开，说："你自己挑酒吧。"我就挑了一瓶"杜康"。我和戴国华兴致勃勃地一边划拳一边喝掉了一斤白酒，竟然没有一点醉意。

紧接着，《人民日报》《北京日报》等很多报纸、杂志采访报道了我的展览。《北京晚报》发表了一篇郑理写的新闻通讯《众月捧星》。《中国美术报》发表了美术评论家水天中的文章："中国美术馆展出了西北画家蒋志鑫的'黄土魂'。作者滚一身泥巴，画满卷土气，以他扎实的功力，给北京画坛带来了生机。"

这个时候，远在外地的王文芳老师打电话说，他做梦都在为我着急，当他得知展览取得很大成功后，对我说："你们俩回去的时候，一定要买一只烤鸭带回去，这回要坐卧铺。"

我在北京待了44天，展览结束时，已经腊月二十五了，就要过年了。本来北京好几个单位还想请我参加一些活动，但我想到戴国华陪我那么长时间，他们一家子都在等他，就决定于腊月二十七返回平凉。我这辈子头一回坐卧铺，却睡不着觉。回到家，家人看到我瘦了一大圈，可我的那种兴奋、那种内心的喜悦都挂在脸上，一扫先前的忧伤和愤慨。

那时，我儿子才9岁，看到我回来，高兴地把自己从电视上学的螳螂拳、蛇拳、醉拳都给我表演了一番，在地上滚得满身都是土，晚上搂着我的脖子，不停地问我："爸爸，你是怎么成功的？"

从北京回来时，还剩一些钱，去时带的那7000元没花完，我赶快把李娴的钱还了，又把戴国华的700元还了。

这时，我才感到自己太累了，不想吃也不想喝，只想美美地睡一大觉。

《华夏之魂》
（100cm×105cm，1986年创作，1986年中国美术馆收藏）

《秋天里的春天》
（96cmX66cm，1986 年创作，1986 年中国美术馆收藏）

《陇山如铁》
（198cmX96cm，1986 年创作，1987 年中国美术馆收藏）

《春雨如膏》

（59cmX87cm，1986 年载入《中国现代美术全集》，中国美术馆收藏）

《黄土魂》
（138cm×68cm，1987 年）

《远古的图腾》
（196cm×196cm，1987 年）

《黄土魂》
（149cm×108cm，1984 年）

《大野之媚》
（120cmX246cm，
1986 年）

《离离原上草》
（138cmX68cm，1987 年）

《西山早春》
（96cmX96cm，1986年）

志鑫

《黄土情》
（68cmX68cm，1986 年）

蒋志鑫

自述

第五章・人生的磨砺

我这一睡，直到大年初二早上才醒来。刚一醒来就听到我们院子里的一对夫妻吵架，女的在骂她丈夫："你看你个没出息的，你看蒋志鑫画得像狗屎一样还在北京展出，你个老没出息的。"我就把门一关，把收音机的音乐放大，继续画我的画，我心里既踏实又喜悦，什么事情都不会激怒我，我只是画我的画。

大年初四，我去单位向领导汇报，领导说我们群艺馆不需要你这样的画家，我们需要的是辅导员。

接着，《平凉日报》的一位副总编来采访，我就把去北京办展览的事从头到尾细说一遍，又把作品的收藏证、名家题词拿给他看。他回去就写了一篇文章，发表在《平凉日报》的头版。文章说，平凉某些文化单位领导的做法是"武大郎开店"，这一下可惹出了麻烦。平凉文化处、平凉群艺馆与《平凉日报》吵了起来，几方一直吵到地委领导那儿，闹得满城风雨，沸沸扬扬。甚至有传言，蒋志鑫通过他的老师买通美术馆，因为他老师的关系办了展览云云。事情越闹越大，文化处和群艺馆还专门开了一个联合录音座谈会，从各方面全盘否定我。这个座谈会的录音在平凉地区各文化单位播放。那一阵子，甚至我的一些同事也不理我了，就好像我是刚从监狱里面刑满释放的囚犯。文化界的人，就连平时关系好的也跟我疏远了。我就在家里关着门画画，但是单位里的大会小会上，领导都会点我的名。

在这种情况下，我想起从北京回来的时候，《人民日报》记者郑理曾特别地嘱咐我，说："你回去以后注意'枪打出头鸟'。你这一次风头出尽了，来了这么多媒体，搞得风风火火的。"我当时还不能理解"枪打出头鸟"是什么意思，回来以后才真正明白。我给郑理先生和美术编辑马克先生各写了一封信，把情况说了一下，述说自己心里的委屈。郑理就给地委写了一封信，说："蒋志鑫的展览应该是你们地区的荣誉，一个年轻的画家把家里的牛卖了，在北京举办展览，你们应该支持他。如果美术馆能够买通的话，万元户多的是，怎么不见他们办展览。你们这样对待一个年轻画家的话，我们要在内参上报道你们的事。"

不久，座谈会录音停止播放了，录音磁带也收了上去，平凉文化处的领导到我家来解释，说他们对处理这件事情没有经验，这一次就算了，上一次给我拨的裱画的2000元钱我可以去拿，等等。总之，好听的话说了不少。我当时想，处长这么大把年纪了，既然他这么说了，我就不计较了。我马上写了封信，告诉郑理，说事情解决了。结果事情平息了，那2000元钱最后也没有给我，领导在大会小会上还是点我的名。

到了7月，甘肃省电视台派了个摄制组到平凉来采访我，要给我做一个专题片。我吓得不敢拍，说，这件事要请示宣传部和文化处。结果文化处不让拍，说："他是通过他的老师买通中国美术馆办的展览，给我们捅了好多娄子，这个人还值得宣传吗？"电视台的人说："你们如果不让我们拍，那么我们把你们阻止他、打压他的新闻拍一下。"甘肃省电视台的态度强硬了，平凉文化处一下软了下来，就赶快找我谈话，说这一次把我的 2000 元钱给我，让我千万不要谈这件事情了。那一次，才总算把一年前财政处高处长拨的 2000 元裱画的钱给了我。等到电视台的人到群艺馆拍片子时，单位管电的人把电闸一拉，回家了。没办法，我们只好从文工团借了一根线，从大街上拉到群艺馆里面来，通上电，才勉强开始工作。那是我第一次上电视，当镜头对着我的时候，我就不会说话了。后来，摄制组只好在崆峒山多拍了些我采风的镜头。片子拍完后，作为 1987 年国庆节专题片在甘肃省电视台播出，并且还获得了全国二等奖。

第一次南下

我的画在北京展览期间，有个江苏镇江人看到前言里王文芳老师写我在创作中遇到的困难，当时就拿出100元给我，他说：“你去买点好吃的吧！”我死活不要。事后，他就邀请我去镇江办展览。

1987年10月，我应邀去镇江、无锡、扬州三个城市办展览。去镇江之前，平凉管文化的领导换了，新上任的这位领导爱文化、爱写字。他对我说：“咱们以后要支持艺术，宣传咱们黄土高原是一件好事情。”他还特别指派群艺馆馆长和文化处处长陪着我南下镇江去办画展。

不过这次南下，他们是公费，我是自费，他们说因为我是被邀请的，我只好自己带着几百元钱跟他们一起走。文化处处长和群艺馆馆长陪着我到了镇江北固山的镇江画院，但开幕式上他们两位不辞而别。镇江的展览结束后，我一个人又到了无锡，在无锡撤展时，发现有一幅画居然被人偷走了。

我到扬州后，画要在群艺馆展出。我有一个师兄在扬州群艺馆，叫杨麟。他说：“老弟，你这次来形势不利。扬州刚办了一个已故老画家黄秋园的展览，他是李可染大师推荐的。黄秋园的画展结束了，紧接着是你的展览，这对你很不利。”我说没关系，他是大师，我是小辈，我与他的表现手法也截然不同。好在扬州是一个文化名城，对新老流派都能够接受。我的

1987 年我在江苏办展

画在展出期间反响很好，展览延期了几天，我还办了几次讲座。在扬州办展览时，我结拜了四个兄弟，孙巨昌、群艺馆的刘方明、国税局的冯一江，还有一个是画画的张清，我与扬州的四兄弟到现在关系都很好。

在那次扬州画展上，我还碰到了中央美术学院的张世春教授，他是扬州人。看到我的画展办得很好，他说："你为什么不到上海去办展览？你在中国美术馆都办得那么成功，去上海怕什么。我给你写一封介绍信，向上海美术馆馆长方增先推荐你。"我就拿着扬州企业家赞助的 1000 元和我二哥托我给他买裱画材料的 700 多元，准备去上海。

我在王文芳老师那儿认识了一个常州人，他曾多次给我打电话，说上海的展览他也可以帮我联系。我去常州找到他，他给我写了一份名单，说他要办事，让我给他画画，大概画了 30 幅。第二次去，他说你到我家里住，有人会把你送到上海。我到他家后，他却不在，给我留了一张字条，让他的一个学生陪着我。他的学生是一个画画的小伙子，我们俩住在一起。他老婆每天早早地就到我们的房间里搞卫生。有一天，我穿衣服时发现我的钱丢了，将近 2000 元没有了，苦不堪言。幸好我找到一辆顺风车，我就到了上海。

到上海以后，我先找到方增先老师，方增先说："既然张世春能看上你的画，我没有说的，不用看画了。我们那个地方有一个研究部展厅，你去找一个叫徐俊的人办手续，以最优惠的条件给你办一个展览，时间再排。"我从他家里出来，身无分文，但是我认识上海《解放日报》的记者许寅老师。许寅老师 1983 年去过平凉，当时宣传部和文化处派我陪他去崆峒山采访，后来我们经常通信，我知道他家的住址。到许寅老师家时天已经黑了，我还没有吃饭，但人家已经吃过饭，许寅老师还看戏去了。他的大儿子跟我说："你是我爸爸的朋友，你就

许寅先生及其夫人（前排）

在我们家待着吧。”我说：“今天晚上只能住下了，我现在没有熟人，没有办法。”他说：“没问题，我爸爸很好客，你就住下吧。”他给我临时搭了一张钢丝床。当时是1988年1月，上海冷得很，等到晚上1点多，许寅老师才回来。第二天早晨，他看了我的资料和一些东西，说：“你这几年进步很大。这样吧，我跟程十发关系很好，我们去见见他。”他当时就给对方打了电话，说有西北来的一个年轻画家在中国美术馆办过展览，想来拜访拜访。因为大画不能拿，太大了，我只拿了几十幅小画。我去之后把画卷打开，程十发老师看后连连称赞说：“你的画真不得了，非常好，上海人没有见过，是另外一种路子。这样吧，你明年办展览我给你题字，给你写文章。”没想到程十发这么热情，他还把自己的画也拿出好多来让我看，说请我提意见。我把老先生的画看了又看，非常仰慕。他和他的太太晚上还请我们一起吃了顿饭。因为许寅老师大名鼎鼎，很快就把展览的场地和时间都敲定了，我的画将于1988年5月2日在上海美术馆正式展出。

临走时，我跟许寅老师说我带的钱丢了，没办法回去了。许老师就把存折给了我，说你需要多少钱自己取。我取了700元，其中300元交给美术馆作为定金。当时，我已经累得在南京路上走不出去了。办了三个城市的展览，一路上劳累辛苦，我腿都肿了，没法走路时，只能蹲下，靠着电线杆子歇一会儿。交了300元的定金以后，我买了一张卧铺车票，从上海经宝鸡回家。回去后一个月内，我就把钱还给了许寅老师。

我被骗了

回到平凉后，我住了20天医院，查不出腿肿的原因，医生最后说是因为疲劳过度。出院后，我开始为上海画展筹钱。平凉的人都知道我这个人，我找银行、供销社的一些熟人，他们平时经常找我帮忙写字画画。最后，几个单位赞助了1000元，我的中学同学马荣在四十铺信用社当主任，给我批了1000元贷款。

我拿着2000元准备去上海时，甘肃省民委有一个叫张超音的小伙子，给我又打电话又写信，说一个韩国人看上了我的画，想跟我联络，让我赶快到天津塘沽去，那个韩国人要在韩国给我办展览，那儿的市场好得很，让我一定得去。他不断打电话催促，于是我去上海时就绕道北京去了天津，在塘沽跟那个韩国老板见了面。这个人叫姜义勇，他的公司叫新路食品有限公司，他叫我到了上海之后不要卖画，他们韩国市场很好，他在韩国帮我卖，条件都好说。初步定了合作意向之后，他还送了我一套西服，说我在上海办展览要注意形象，把我从里到外打扮了一番。

离开天津到了上海，我和专程请假帮我在上海办画展的二哥住到《解放日报》招待所。我找到许寅老师，他帮我们安排得很周到。他本身就是大名家，又请了郑重、张志江、徐季仁这些上海的名记者在一起座谈。许寅老师带着我，一个一个拜访了王个簃、唐云、谢稚柳、陈佩秋、应野平、钱九鼎、万簌鸣、沈柔坚、吴长邺等名家。上海美术馆馆长方增先给我写了前言，程十发写了两篇文章，一篇发在《文艺报》，一篇发在《解放日报》。临开幕的时候，方增先馆长突然通知我，画展从四楼改到一楼正厅了。一楼正厅我知道，场租费每天1500元，我说：“我带的2000元已经花了三四百元了，连一天都支撑不下来，怎么办？”方馆长说：“不要你的钱，我们有办法。”我说：“这是真的吗？”方馆长说：“这有什么假的，我说了算。”

开幕那天，同样没办开幕式，但是来美术馆的大车小车把

1988 年我在上海美术馆举办个人画展

1988 年我与方增先在上海美术馆

门口都停满了，我就买了一些好的茶叶，又买了点水果，在贵宾室招待客人。上海书画界的名流几乎全到了，93岁的王个簃老先生刚从医院出来就来看展览；程十发、应野平不但对展览评价很高，还给我题了字。上海华亭宾馆董事长赵仁荣也来到展厅，对我说："蒋先生，我跟你交个朋友，今天我请你到我们那儿去，我们管吃管住，每天开车接送你。"这是我有生以来第一次住五星级宾馆。我和二哥住在宾馆里，早点吃的是自助餐。我哥吃着小猪肉、奶酪什么的，非常开心。我心里有事，吃不了多少。我哥饭量大，为了陪我，老吃不饱，跟我说："下次你等我一下，吃慢点。"有时候，赵总请我们吃饭喝酒。我说："我们吃你喝你的太多了，你不要钱吗？"他说："这个不跟你要钱。"我说："那行，我给你画画吧。"他说："根据你的情况，闲了给我画两张，忙就算了，我主要是跟你交朋友。"我当然不能白吃白喝人家的，后来给他画了几张画。而今赵总已经退休了，但他仍是我的朋友。

这次展览，上海美术馆没有收我一分钱，还收藏了我3幅画和1幅字。有一个台湾的画商看中了我的画，一下子选中了40幅，把我叫到瑞金饭店专门谈了一次，说："你要卖的话，我马上给你20万元现金，你把钱拿去，我把你的画留下。"我说："你掏这么多钱，你不赔钱吗？"他说："我会拿你的画去赚回3倍的钱。"

我是一个穷光蛋，20万元能解决我不少问题，但是因为之前我已经答应了韩国那个人，不卖这些画。为了兑现我的承诺，我谢绝了台湾这位林先生，把画又带到塘沽，交给韩国的老板，一共是114幅作品。跟他说话需要翻译，交流比较费劲，又加上我当时特别相信他，我就写了一个清单，注明哪些画是可以卖的，哪些画是不卖的，连一张收条都没有让他写。我们当时说定，1989年3月在韩国美术馆办一个展览，我要去韩国，还要出版一本大画册。但等展览场地定了以后，他说中韩没有建交，我去不了。虽然我去不了，但展览还是办了。有一个韩国的评论家叫崔炳植，写了评论。我的画展出了20天，听说画卖得很好，可是这个老板跑了，我的画全部没了。他在天津塘沽的公司股份也撤了，只给我带来100本画册，都是薄薄的小册子。后来我才了解到，那个韩国人加入了美国国籍，住在加拿大，满世界跑。最后，我通过甘肃省民委的张超音找到韩国的联系人，联系人给我退回来 21 幅小画，是 114 幅作品里面最差的。被韩国人拿走的有些大画是用三张六尺宣纸画成的，是我 39 岁之前的作品里的精品。

这个亏，我真是吃大了。我大病一场，在医院住了20多天，看了一些关于老庄哲学的书，我想通了：有人骗我，说明我的艺术作品是有价值的，没有价值谁骗你呢？此后，我根据画的照片又复制了十几幅，其他的就重新画，这些作品的冲击力更大。因为经过几年的摸索以后，我的笔法更成熟了，一两年就画了一大批好画。这批画出来后，我心里又充实多了。我特别喜欢李白的诗句："天生我材必有用，千金散尽还复来。"虽然钱没有赚到，但我的人生不会因此就完了，我又重新站起来了。

被迫走宁夏

从上海美术馆回到平凉，单位把我的工资全给扣了，说我不听话，要惩罚我。我向领导汇报，根本没有人听，说这里不需要我这样的专业画家，这里需要业余的。这对我来说就是一份逐客令。

“此地不留人，自有留人处。”我带着一卷资料，带着我的画去了宁夏，见了当时宁夏回族自治区人才办公室主任、组织部副部长马启智。这个人特别好，是少数民族，在平凉生活过一段时间。看了我的这些东西，他马上给一个叫赵宁安的同学打电话，赵宁安介绍说，蒋志鑫在北京的画展很成功，很有影响力。马启智当即就对我说：“你这个人我们要了，有什么条件尽管提。”

我说要个二级美术师职称，要一套房子，再把我妻子调到事业单位，他都一一答应了。我从没见过一个组织这么痛快地接收一个人。他说：“根据你的履历，这一切我们都认可，房子我们尽快给你安排好，但是对你的工作，我们不能直接就调，因为省与省之间只能商调。”

我从三关口回到平凉，心情复杂得很，虽然我不是女人，但是体会到了那种出嫁的感觉，心中有一种说不上来的酸楚。平凉养育了我，却不包容我，不支持我，我还是走吧。

回来后，我在群艺馆的手续办得很快，但到文化处就卡住

平凉群艺馆全体人员

了。处长说，这得主管文化的书记专门批示，否则我们不能放你。之前点名要我走，我把接收单位联系好了，又不让我走了。我到处疏通关系，死活要走，但毫无结果。我就跟宁夏那边的人说，实在不行先把我的妻子调过去吧，我妻子就从平凉塑料厂调到了宁夏回族自治区文化厅。在这个过程当中，我的作品在深圳获奖了，我是以宁夏书画院的名义去领的奖，宁夏书画院给我出的路费。此时，北京画院院长尹瘦石先生向王文芳老师打听我的情况，王老师说我要调到宁夏书画院去了。尹老说："我听说甘肃省也要成立画院，他怎么不留在甘肃？"我何尝不想留在甘肃呢，甘肃画院我进不去啊！尹老就写了一封信，托人带给当时的甘肃省委书记李子奇，李书记看了信说："平凉还有这么一个人，我怎么不知道。"他就让秘书赶快把我叫去。

我去了兰州，到了李书记办公室，李书记亲自给我削了一个苹果，这个苹果我拿在手上，放也不是，吃也不是，左右为难，在这么大的领导面前我真有点不自在。他说："甘肃有画院，你怎么要调到宁夏去？"具体原因我不好多说，只说我妻子已经调过去了。他说，调过去还可以再调回来嘛。李书记当即就给平凉主管文化的书记写了一封信，意思是说要把我调到省里来，但职称在平凉解决。后来，平凉最终没给我解决职称问题。1988年7月，我作为一个没有任何职称的人到了甘肃画院。

《处女地》
（68cmX68cm，1986年）

蒋志鑫

自述

《苏醒》
（142cmX142cm，1988年）

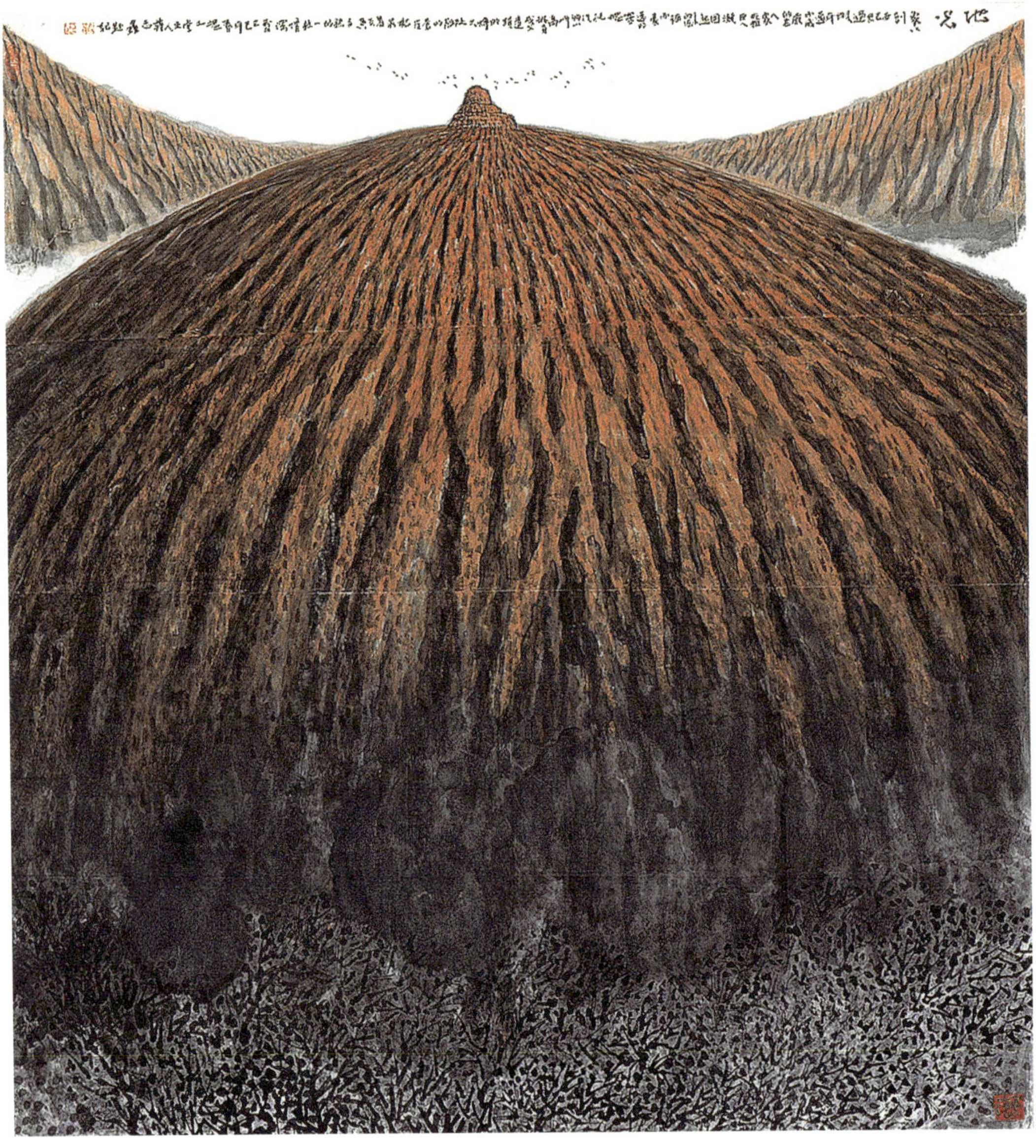

《地光》

（197cm×197cm，1987年）

《陇原升起的红太阳》
（96cmX96cm，1988 年）

《黄土魂》

（178cmX96cm，1992 年）

《紫气东来》
（196cmX196cm，1989 年）

蒋志鑫

自述

第六章 · 朋友是金

作画钓鱼台

1989年，我应中国美术家协会邀请，给钓鱼台国宾馆作画，从那一年起，我的好运就开始了。我在北京饭店待了两个多月，钓鱼台国宾馆让我画的是最大的一幅，丈六匹，题材就是西部黄土高原。

给钓鱼台国宾馆画画，每个人有 3000 元的润笔费，我是很珍惜的。有一位叫李宝瑞的东北画家，也是被请来的画家之一，我很喜欢他的画，我们一见如故，一直到现在我们的关系都很好。我亲眼看到李宝瑞拿着这笔钱激动得哭了，他说他是第一次见到这么多钱，他要拿这些钱给他母亲买一台彩电。

1990 年我在钓鱼台国宾馆创作《苏醒》

在钓鱼台国宾馆这段时间，我有幸认识了郭沫若的大女儿郭庶英，她给我介绍了一位香港的朋友蔡继明先生。蔡先生买了一幅我发表在《美术》杂志封三的画，我从北京回到兰州后就把画寄给了他，他给我寄来了 15000 元人民币。那时候是我最穷的时候，这 15000 元拿到手以后，我首先给我的学生雷钧涛 6000 元。我买了一台很便宜的彩色电视机，2000 元左右；又买了一台电冰箱；为了省钱，我请木工做了一套沙发。就这样，我的家终于有一点现代化的样子了。接着，我把我的母亲从平凉农村接到了兰州。

在我应邀去北京钓鱼台国宾馆画画期间，甘肃画院正式成立了。此前，画院要求每一位画家拿出10件作品在画院成立时展出，我交了10幅作品后就到北京画画去了，画院成立时邀请的名家我也没见到。等我回到兰州时，几个人给我转达了程大利对我的问候和给我的留言，说他很欣赏我的画，让我把作品拍成照片，他给我发表。我当时有一点半信半疑，程大利当时是江苏美术出版社社长兼总编辑，是全国很有名气的艺术家和美术编辑，我从来没有见过他，他在我的心中是一位高不可攀的人物。我带着试探的心态给他寄了4幅画作的照片，没想到一个月后就发表了。那是我第一次在《江苏画刊》上发表作品，当时的《江苏画刊》是很新潮的刊物。

1990年9月，程大利第二次来甘肃，他是为出版敦煌画集的事来到甘肃画院的，通过副院长李宝峰说要见我。那一次见面，我们两个人一拍即合，感觉像兄弟一样。我说：“如果今天下午你有空的话，请你在我家里吃顿便饭。”他说：“行。”我就通知家里赶快买羊肉招待尊贵的客人，我妻子做羊肉的手艺不错。程大利到我家里大块吃肉，大碗喝酒，用他的话说，他把在南方学到的斯文都忘了。我们两个人畅谈了一夜，我感觉自己遇到了知音，谁说知音难觅！我还给他唱秦腔，我们俩喝了一整瓶平凉的“柳湖春”。

从那以后，我和大利结下了永远的友情，我感觉他就是我的兄长，在艺术见解上，他又是我的老师，我们之间的情谊比亲兄弟还深。没过几年，程大利调到北京的人民美术出版社当社长，他的学识、艺术才华都令人敬佩。他胸怀宽广，大力帮助扶持了国内一大批优秀的中青年艺术家。可以说，程大利在我艺术生涯中的作用是举足轻重的，他一直关心我、帮助我，虽然我不是千里马，但我认为他是一个伯乐。

2006 年我与周韶华（中）、程大利（左）同登昆仑帕米尔

为了妻子的病

1990 年的下半年，我的妻子突然得了尿崩症。这种病是非常罕见的，表现为先大量喝水，喝完了马上就尿，但不喝水就渴得忍受不了。我把病历寄到北京郭庶英大姐那里，她帮我到中日友好医院和 301 医院找了很多专家咨询，但众说纷纭，没有一个定论。我去上海办画展时又找到许寅老师，许寅老师找到上海瑞金医院，医生进行会诊后，介绍我到 301 医院，301 医院又介绍我到南京市中医院，说那里有一位樊大夫专治尿崩症，正好南京有我的好兄长程大利。我把所有认识的人都调动起来，帮我想办法。有的人说这是不治之症，治病要花很多钱，我当时的压力很大，但我要不惜一切代价为她治病。

1991 年 7 月，我给敦煌的同学付立诚打电话，他当时是敦煌市文化馆馆长。我告诉他我妻子生病了，现在我经济上有困难，听说敦煌有市场，让他帮助联系办一个商业性展览。9 月是敦煌的旅游旺季，我带了 40 幅作品在敦煌博物馆展出，又现场写字画画。那次我得到了 27000 元，在当时是一笔可观的收入。

妻子的病牵动了好多朋友的心，回到兰州后，我通过程大利联系了南京市中医院。当时儿子还在兰州上小学，在南京把妻子的住院事项安排好后，我托付程大利关照她，又赶回兰州照顾孩子，并继续画我的画，筹备去江苏美术馆办画展的事。

此时，程大利已经联系好美术馆，并为画展写了前言。孩子放寒假了，我把儿子先带到南京，让妻子也高兴一些，自己留在兰州继续准备画展的事，同时等待蔡继明先生的到来。我几次办展览都没有带妻子，正好妻子在南京住院，我想让她借此感受一下，希望我的展览能给她带来一点喜悦。

自从认识蔡继明先生后，他也为我即将在香港举办的画展做准备。时间定在 1992 年 7 月，他打电话说要到兰州来，问我有什么困难，他可以帮我。我说我想买一架最好的照相机，当时正好有一款新产品尼康 F4S 上市。他说：“行，我给你带一架，钱你就不要给我了，就用画换吧。”

1991 年大年三十，蔡继明从香港飞到北京，又从北京飞到兰州。那天我把航班搞错了，蔡继明到兰州机场后，找不到接机的人，自己坐车找了好长时间才找到我家。我刚出门准备去机场，在家门口和他碰了个正着，让我不知所措。他一见面就说：“找你找得好苦呀。”他当天就住在我家。第二天，我找来兰州的朋友，大家乘坐一辆八面透风的大车，去了甘南拉卜楞寺。那天，天上飘着雪花，蔡继明拿着新买的照相机一路拍着雪景，非常开心。我们大年初三返回，由于车没有防滑链，从拉卜楞寺到兰州走了十几个小时，总算平安地回来了。到家后，我拿出三幅画，让蔡继明挑。蔡继明看上了一幅《天泻铜液》，这是两张四尺宣纸接起来的画。他说：“就这一张，你舍得吗？”我说：“没问题。”两个人一拍手成交了。

送走蔡继明，我就带着我的画到了南京。1992年2月，我在江苏省美术馆举办了大型个人画展，画展非常成功。这次成功离不开程大利的全力支持，江苏省美术馆把场租费也免

1992 年我们一家人在江苏省美术馆

了，还收藏了我的两幅画。我妻子也参加了展览，我的目的就是让她高兴，希望她的病早日康复，实际上她的病情已有很大好转。告别了大利兄，我们回到了兰州，妻子的病情也一天天好转，后来完全康复了。

同年 7 月，我应邀在香港艺术中心举办了个人画展，画展是由蔡继明策划的。在他的帮助下，香港的展览也非常成功，同时还出版了一本大型画集。蔡继明看到我在兰州住的房子那么破烂，就赞助了我一部分钱，让我在兰州买了一套 120 多平方米的房子，我自己开辟了一间小的画室。在甘肃的画家里，

我在黄河壶口采风

我是第一个在兰州买房子的人。我很感激蔡继明的帮助，他是我永远的朋友。

香港的展览之后，我的画的价值大大提升。从香港回来，有好多香港、东南亚的人专程到甘肃找我的画。

《黄河落天图》
（480cmX246cm，2009 年）

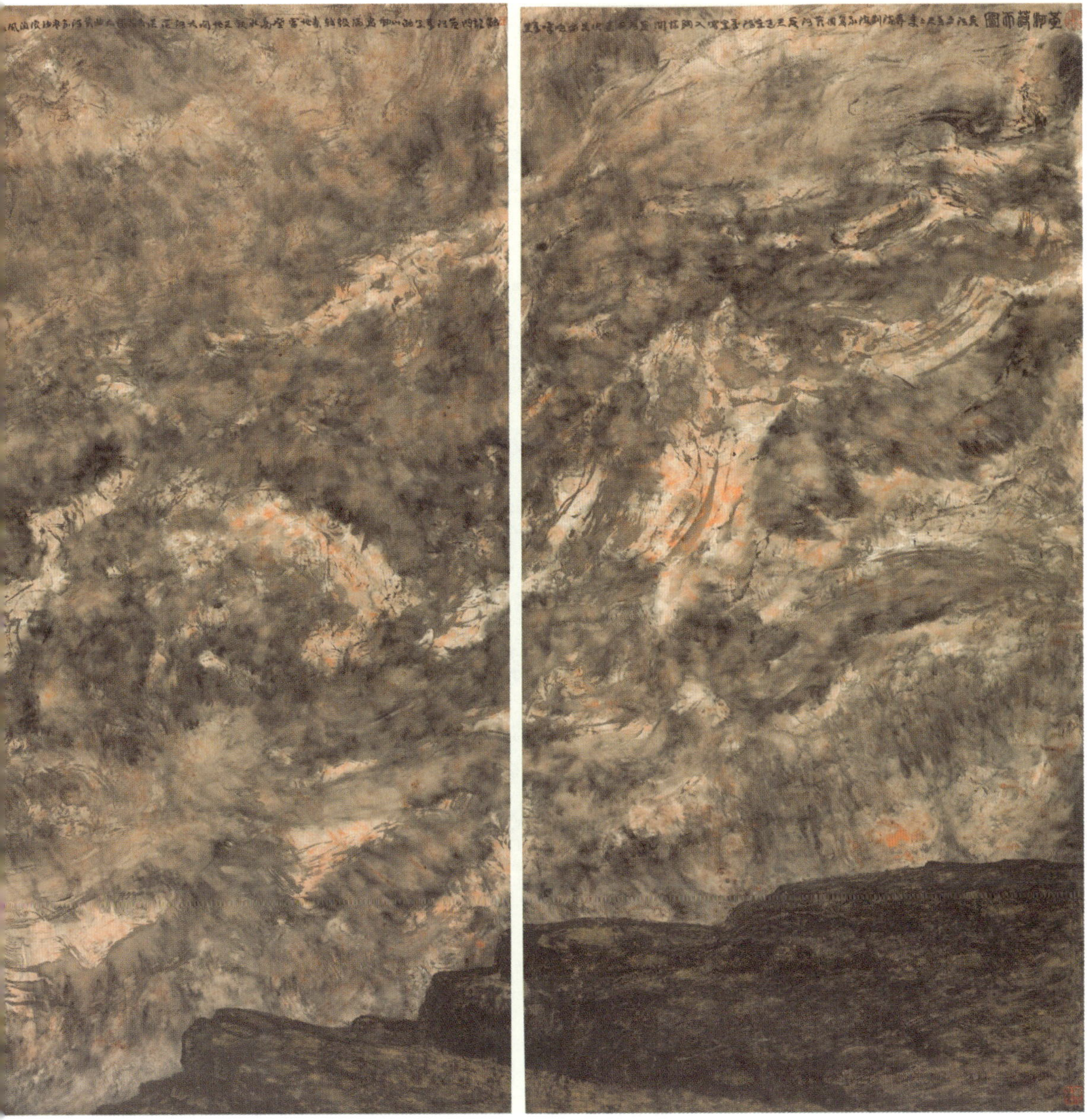

《天歌》
（365cm×142cm，2001 年）

蒋志鑫

自述

第六章

·

朋友是金

《魂归兮》
（246cm×120cm，1999 年）

《黄河唱晚》
（250cmX124cm，2000 年）

《黄河横渡》
（138cmX69cm，2006 年）

《黄河落潮》
（96cmX96cm，1990 年）

第六章
·
朋友是金

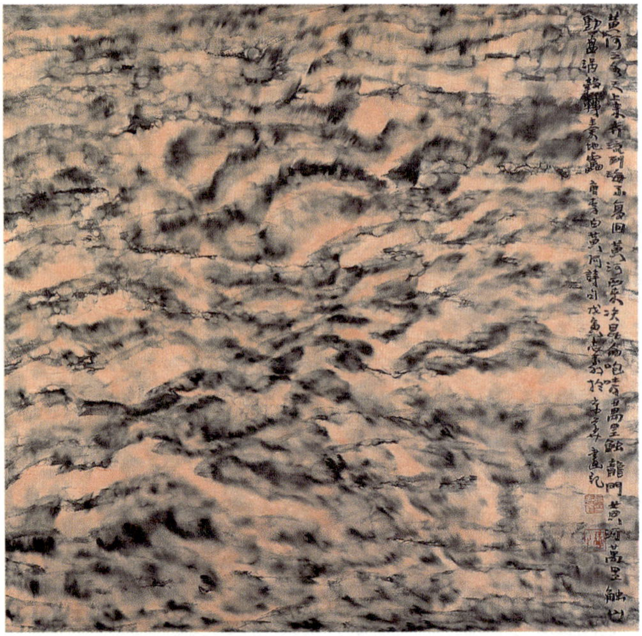

《黄河西来决昆仑》
（69cmX69cm，1998 年）

黄河之滨写生作品
（68cmX68cm，1991 年）

《黄河万里触山动》
（198cmX96cm，1993 年）

第六章

·

朋友是金

《天泻铜液之二》

（138cmX138cm，1994 年参加美国首届国际艺术双年展，香港黄氏律师事务所收藏）

蒋志鑫

自述

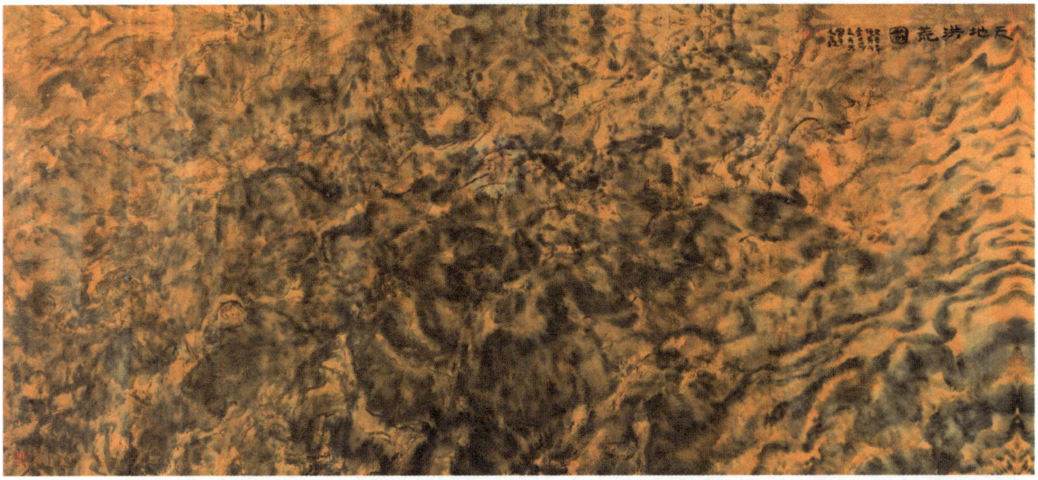

《黄土黄河》
（250cm×126cm，2006 年）

《天地洪荒图》
（160cm×350cm，1993 年）

第七章 · 迈出国门

马来西亚森林探险

1994年，我很幸运地收到中华人民共和国文化部的通知，以中国艺术家的身份参加了马来西亚国家美术馆举办的国际艺术创作营活动。这次活动，马来西亚国家美术馆一共邀请了15个国家的画家，在中国仅邀请了我。我感觉很奇怪，到马来西亚后，我就问马来西亚美术馆执行馆长："我在大西北，你们是怎么知道我的？"他笑着告诉我，他们在香港买到了我的一本画集，认为我是中国的实力派画家，但是他们不知道我的具体地址，就把邀请函发到了中国文化部，请文化部通知我。

在这次创作体验过程中，一次在马来西亚森林探险的经历让我难以忘怀。

我们第一站先到了马来西亚的原始森林柏隆。下午到营地，晚饭后8点，总领队杨仁铃先生问我："有两位画家要出去看野象，你去吗？"我不假思索地答应了。结伴同去的一位是澳大利亚的大高个儿易塔先生，一位是马来西亚水墨画家、懂汉语的大肚壮汉杨先生。我们各自穿好衣服，带着手电筒出发了。林间小路泥泞不堪，漆黑的夜里伸手不见五指，全靠三节电池的手电筒探路。大约走了一里路，我们便发现了大象刚刚拉的粪便，还在冒热气。我们屏住呼吸，小心翼翼，心也提到了嗓子眼儿，关了手电筒在黑夜里摸索着前进。猴子在树梢打盹儿，蛇缠在枝上一动不动，我一心想见大象，对林间其他动物视而

我在马来西亚原始大森林

不见。猛然，我看见一双发光的眼睛，一闪即逝，我想这一定是大象吧！我们在泥水里等了两个半小时，大象仍未现身，三人一碰头，决定返回。可一转身，猛然听见林子里沙沙作响，难道是大象冲我们来了？

惊疑间，倾盆大雨从天而降，本已大汗淋漓的我们在大雨的冲刷下，浑身冒着热气。大雨中，我们更是寸步难行，只好站着，接受大雨的洗礼。雨打在我的双肩上，溅起朵朵水花；雨水冲刷着我的脖颈，从前胸后背泻下。我的身体成了天地之间雨水的河床，后背有一大股水顺着脊梁冲下，再从命门分开，顺两腿直奔足底，瞬间与足下的河水汇流；前胸更是可笑，水从两胸流至小腹，再从阳关直泻，我仿佛是意大利罗马喷泉广场上的天使。

这也是我有生以来第一次经历特大暴雨，好在暴雨大约持续了一刻钟就停了。刚松一口气，就觉得两只脚脖子痒，弯下腰一摸，吓出一身冷汗，打开手电筒一照，更是惊恐万分！哇！哇！哇！三人同时惊叫起来，浑身泛起鸡皮疙瘩，我身上爬着从未见过的怪物——水蛭。再往地上照，满地皆是，这些馋鬼摇晃着尾巴，在我们三个不速之客身边快速地集结着。我用手指甲掐住它的身躯往外拽，但它十分滑韧，拽出一寸多长又反弹回去了。

马来西亚的杨先生说要用烟头烧它们的头，并叫我们不停地移动双脚，否则就会被水蛭乘虚而入。还有一个办法是用手拍打。第三个办法是用力弹，各个击破。我一手照明，一手连拍带打，两只手交换着弹，还要不停地移步。如果有人看到我当时滑稽紧张的样子，肯定会笑破肚皮。我也点燃了一支烟，弹不掉的就用烟头烫。水蛭就像幽灵一样，晃动着尖尖的尾巴移动着吸盘似的脑袋，不停地蠕动着身子，只要能碰着你任何部位，便迅速黏住，瞬间就能钻进你的身体，你把它掐出来在地上揉搓时，它柔韧得像根老牛筋。它有金刚钻似的钻头，又具备牛筋似的身躯，当我用手指弹它时，稍有不慎，它就瞬间黏住手指，甩都甩不掉。

消灭了大部分的水蛭，个别地方也管不了了，往回赶才是最重要的。其他两个人都穿着半袖，不停地大叫，我不时为他们拍打腰背上的水蛭，一边打，一边急行寻找返回的路。时间在急行中消逝，夜里12点40分，我们仍在林间奔走，蹚过几条河，上下几座山，又遇到一阵暴雨，各自的手电筒的光已经很暗了，为了节约电池的电量，我们关闭了走在中间的人的手电筒。焦急之中，我们发现自己正与来路背道而驰，于是又匆忙返回，又上山下坡，又蹚河过涧，穿行于茫茫林海中。这时，我不知何故想到了鲁宾孙，难道我们三人要留在这茫茫林海中？大家心里发毛，已冷静不下来。时间慢慢流逝着，这时我要求在前边探路。我捡了一根木棍，一路回忆着，探寻着，无奈之中，我想到家乡崆峒山的神仙——元始天尊。我在心里默默祈祷着："元始天尊显灵，带我们走出这迷魂阵吧！"汗水从头流到前胸后背，像雨水一样，流淌至鞋内。三个人急行军似的穿梭在原始森林的羊肠小道上，筋疲力尽，两只脚还在不停地移动。已是凌晨2点50分了，我们在林间整整紧张地走6个多小时了。

哗啦啦，又是一阵风，把树梢都吹得东摇西摆。抬头从树缝中看天上，月亮正推着一朵白云出来，黑色的乌云被风吹着，一丝丝幽灵似的躲在月光中。月亮的出现，给我们三个带来了光亮，我们振奋精神，鼓足勇气，朝着月亮的方向走。我仍在前面探道，走了没多远看见一棵大树横在路上，大家喜出望外，这棵横躺的树就是昨晚进山的标记，下坡的路上隐约可以看见大本营的灯光，大家心里踏实了，我不由自主地喊出了："元始天尊万岁！"我的喊声传回了营地，驻地的领队向我们喊话，并打手电筒示意。易塔先生一高兴摔了一跤，满身泥巴。我和杨先生也都狼狈不堪，一进大本营，大家齐呼万岁！

躺在帐篷内，我怎么也睡不着，两腿发酸发软，浑身仍在

我在原始大森林写生

微颤。此刻，已是凌晨 4 点，我满脑子尽是那种幽灵一样的怪物的影子，忽然间，腰间又痒了起来，顺手一摸，怎么隐藏了一只水蛭。它吸足了血，成了圆圆的肉球，不能再往里钻了。我摘下它用力往地上一摔，落地有声。没料到早上时，它又顺着床架爬到我们领队杨仁铃的脖子上去了，哈哈……

我在床上躺了两个小时，闭着眼睛回味着刚才在原始森林中的一幕幕情景，真是惊魂落魄。

敦煌奇遇奥加德

欧洲之行还得从我 1991 年 9 月在敦煌办画展的一次奇遇说起。

当时来敦煌旅游的外国人很多，看我画画的人也不少，其中，有一个胖胖的老头，个子不高，是欧洲人。他和他的太太，还有随行的女翻译，第一次看我的 40 幅画差不多看了一个多小时。他一张一张慢慢地看，看完了，第二天又来看。他通过翻译问，哪一位是作者。我说我就是。老头过来跟我热情拥抱，通过翻译对我说："你是表现主义者。我在中国看了不少画展，没有一件作品能让我如此激动。"他说，我的作品对他有很强的吸引力，又对我的作品大加赞赏，还说要买画。我说，知音难觅，你不要买了，我送你一幅。他当时给了我一张名片，我也不认识外文，只记得他的名片比别人的名片大。他跟我拥抱了又拥抱，握手了又握手。他的翻译也给了我一张名片，她叫顾易群，是文化部欧洲司的一等秘书。

1991年冬天，我忽然收到一封来自法国的信，里面有一张照片，照片上是我在敦煌送给那位欧洲老人的那幅画，不过配了一个画框。我请人将这封信翻译了一下，意思是说，他把我送给他的那幅画加了画框，送去参加了法国巴黎秋季沙龙展。又说欢迎我到法国去办画展，他会帮助我，信后面的署名是"前部长奥加德"。兰州大学的朋友说，他的头衔多着

1991 年我在敦煌举办个人画展

呢，是法国文化部前部长、法国科学院院士、法国国际艺术协会名誉主席。真没想到，我竟然遇到这样一位大人物。

从 1991 年到 1995 年，我一直和奥加德先生有书信往来。他前前后后以法国国际艺术协会的名义给我发过 11 封邀请函，邀请我过去，甚至委托法国国际艺术协会执行主席麦维尔太太给我写信，但我都没有去。因为“一朝被蛇咬，十年怕井绳”，韩国的画展让我吃尽苦头，再加上我不懂法语，不敢去。

1995 年 7 月，我接到中国美术家协会外联部的通知，让我以中国艺术家的身份，去法国国际艺术城吕霞光画室进行艺术考察和交流活动。这个工作室是中国美术家协会的一个画室，同去的还有青海的画家朱成林。我收到这个通知后喜出望外。出国需要一大笔钱，我本就不富有，有一点钱还买了房子，接济兄弟姊妹和妻子家里。但这一次，我还是决定去。

《敦煌的起源》
（210cm×260cm，2002 年）

香港画展结缘

1995年夏末，我第二次在香港尖沙咀文化中心举办个人画展，是由深圳新东方文化艺术中心的张树堂先生策划的。画展上我认识了香港著名钢琴演奏家冯飞凤夫妇，他们看了我的画非常高兴，十分热情，他们说："你的画在欧洲一定会非常受欢迎的。"当时，我正准备年底去法国进行学习和考察交流。冯老师是热心肠的人，说他的堂妹冯徽微在巴黎多年了，让我有事就找她帮忙，当即给我留下了冯小姐的电话。香港大学的黄教授还向我介绍了他在法国的学生张宁女士。香港画展之后，我在深圳小住了几日，认识了深圳文化界的一帮朋友，有文联主席，还有《深圳商报》的侯俊先生，他听说我要到法国去，给我介绍了他的两位老朋友，梁明嘉大姐和梁明海先生，这为我的法国之旅铺平了道路。

1995年11月，我到北京后，中央电视台《东方之子》栏目采访了我，之后播出了专题片《蒋志鑫和他的西部艺术》。

11月初，我和青海画家朱成林先生赶赴巴黎，住在巴黎国际艺术城。两个西北人，一句外语都不会说，在巴黎遇到的第一个问题就是入住手续和保险都无法办理。我们多方求助，好不容易找到一位从中央美术学院去巴黎留学的女士，她用了一天时间帮我们办了这些手续。办完后，她提出一天的报酬是2000法郎，要么给钱要么给画，我们俩都用画支付了她。

1995 年我在香港尖沙咀文化中心举办个人画展

1995 年我与刘国松、蔡继明在香港

从那以后，我们小心翼翼，连找中国人办事都这么贵，何况是外国人呢！我们下决心先学会坐地铁。巴黎的地铁四通八达，去奥赛、卢浮宫、蓬皮杜等博物馆我们就步行，一来可熟悉街市，二来可观景。巴黎国际艺术城坐落在塞纳河边，离巴黎圣母院不远，巴黎圣母院的钟声常常传到我们的房间。到法国第一天，我们就先去参观了巴黎圣母院。此外，我们得学会在巴黎生活，超市离我们的住所很近，我们先去买了法国的面包、香肠和草莓酱，后来发现有面粉和意大利面，我又带了好多辣椒面，我就常常用意大利面做油泼面，中西结合的味道好极了！连欧洲人尝了都赞不绝口。因为语言不通，我们生活得很孤独，后来找到中央美术学院工作室的友人，说说中国话，聊聊天，请他们传授一些在巴黎生活的经验。

虽然我有几个法国朋友的电话，但我还是有所顾虑，不敢轻易打搅人家。通过信函，我和老朋友奥加德先生联系上了，他邀请我到他家里做客。我不懂外语，他不懂中文。无奈之下，我打通了冯徽微的电话，请她做翻译，冯小姐非常热情地答应了。第二天，我们在约好的地点见面，她戴着一副白色的眼镜，纯朴优雅，普通话讲得不是很好。她在我的工作室跟奥加德先生通了电话，约好见面的时间和地点。

12月的一天下午，我们到了奥加德先生的家里做客，冯小姐作为翻译陪我同去。奥加德的家是一栋两层高的小楼，从楼梯到所有的墙面都挂着琳琅满目的画作，其中，有我送给他的两幅。奥加德先生还请来了法国莫奈博物馆馆长邬德里先生、法国国际艺术协会执行主席麦维尔太太。奥加德和他的太太非常热情，见了面，他跟我行了四次亲吻礼。他乡遇故知，我们有说不完的话，使一旁翻译的冯小姐忙个不停。

他谈了这几年给我写信的过程，以及对我的艺术作品的看法。他总是用激昂的语气赞扬我的艺术作品，说我是“东方的凡·高”。后来，他以这个为标题写了一篇文章，我请人将这篇文章翻译成中文，把标题改为《来自东方的艺术神韵》，这篇文章在国内的很多刊物上发表过。

奥加德太太请我们入席，对于法国人来说，只有尊贵的客人才能被请到家里来吃饭。长条形的餐桌一头是奥加德太太，一头是奥加德先生，我坐在奥加德太太的右手边。奥加德先生从酒窖里拿出一大瓶珍藏了4年的香槟酒，他半开玩笑地说：“这瓶酒可是等你4年了。”瓶口打开时发出惊人的响声，每个人都斟满了酒，气氛热烈得像过年一样。喝完香槟之后，主菜是法国大对虾，酒也换成了法国的干红葡萄酒，一道菜配一套餐具，十分讲究。第一次在法国朋友家里吃饭，开始时我还比较拘谨，喝了几杯酒以后，我也放松多了。

奥加德先生向我介绍了麦维尔太太，说这几年她一直以法国国际艺术协会的名义写信邀请我，4 年来一共写了 11 封邀请函，问我为什么没有来。我告诉他，第一是因为我不懂国外的规矩，第二是因为我对这种邀请半信半疑，但主要还是因为我不懂外语。这一次是国家派我出来，真是一举两得，我和大家见面了。

在巴黎这段时间，冯小姐没少给我帮忙，从来没有提报酬的事，而且非常客气，总是说：“你是朋友介绍的，不懂法语，我为你帮忙责无旁贷。”这让我感动不已。后来，因为她搬家到了土耳其，我跟她失去了联系，这也成了一件非常遗憾的事。这是一位我常常回忆的朋友，我想总会有一天能和她联络上，我要请她到中国西北来旅游，尽尽我的地主之谊。

我与奥加德先生及夫人在法国

因为与冯小姐的接触，我的胆子大了起来，觉得法国人和香港人不见得都那么苛刻，于是我给梁大姐打了电话，和她也联系上了，同时和香港大学黄教授介绍的张宁也联系上了，通过张宁又认识了一帮来自中国的学者。这样一来，我又多了几个懂法语的中国朋友，大家偶尔在一起聚聚，朋友慢慢多起来了。

巴黎国际艺术城画展

1996年3月，我的画展首次在巴黎国际艺术城举办，奥加德先生早早到场。这个画展受到法国人的一片赞誉。其间，奥加德先生又给我介绍了一个画廊，同时办了两个展览，让我认识了气质非凡、高深莫测的大学者程抱一先生。他在每一幅画前问长问短，提了很多问题，我都一一耐心做了解答，包括我的表现手法。他把两个展览看完以后，在签到簿上都留下了法语名字和留言。因为我不懂法语，我也不知道他是谁，好多法国人看到他的留言后，都惊叹地说："哦，弗朗索瓦·程来了！他可是个大人物啊！"后来我才知道，程抱一先生是法兰西学院首位华裔院士，著名的翻译家和艺术评论家。程先生给我留下了他的电话，常来艺术城看我，还经常给我打电话，即使是路过艺术城，也要跟我说上几句话再走，谈的都是艺术。他鼓励我，说这种创作路子是对的，让我大胆地往前走。他说我的画高迈雄浑，画出了中国西部山河的灵魂，太美了。我经常应邀到程先生家喝茶，谈艺术。我对他说，我欠缺的东西很多，还需要努力，掌握的理论体系不够健全。他马上说："不，理论是理论家的问题，不是你要做的事，你只要创作就行了，把你的全部思想、激情、灵感、学养、生活都集中到你的画中去，用你的作品体现出来，就是你对艺术的贡献。"他还说，有空一定要为我写文章。有时候，他来我的工作室，也跟我学

巴黎艺术城主席布鲁诺夫人（中）

我与法兰西学院院士程抱一先生

学画竹子和写毛笔字。我在巴黎办了多次展览，程先生都会莅临，又总是对我赞不绝口。程先生是我最敬重的学者，我回国以后，由于他几次搬家，我们失去了联系。

巴黎国际艺术城画展的消息传到了中国驻法国大使馆。有一次，使馆给我打电话，说要在法国商业中心老佛爷百货举办“中国月”活动，现场写字画画，介绍中国文化，问我愿不愿意去。我当即说，我愿意去。“中国月”的活动主要是销售中国的服装、瓷器、家具及中国文化艺术作品。我就是在那儿“摆摊”，现场写写画画，介绍中国传统文化艺术，其间我得请翻译，有时候是梁先生陪我一天，有时候是梁大姐陪我半天，多数时候是我一个人，一共办了21天。

他乡遇知音

有一天，我在老佛爷百货“摆摊”时，遇见了一位小姐，她提着几个中国瓷器放到我的摊位前，就开始看我的资料。当时，我一边画画一边还要应付人们的各种要求，围观的人很多。有些外国人只需要我写出他的名字，用中文写出来他就喜欢。写一个名字有时候也能赚一点小钱，300 法郎或者 500 法郎。没想到，这位小姐看我的资料看了一个多小时没有离开，她突然问我：“你是甘肃来的？”我说：“是的，你中文讲得这么好！”她说：“我是中国人啊！姓孙。”这个时候我才正视她，她身材苗条，上身穿一件豆绿色薄羊绒大领上衣，有着白嫩的皮肤、一双炯炯有神的眼睛。这么漂亮的一个小姐跟我说话，而且声音这么温柔，让我感到很吃惊。她说：“你的画很好啊！我刚看了介绍你的文章和资料，我看你语言上有困难。”我说：“我不懂外语，障碍太大了。”她说：“后天星期六，我有时间来帮你，怎么样？”我说：“那太好了！”

星期六早上9点钟，她准时到了。第二次见面，我跟她在一起的话就多了起来。这一天，我的生意特别好，因为有了她的帮助，要求字求画的人很多。其中，有一对美国夫妇，喜欢中国文化、中国书法，男的信佛，是纽约电视台《为您解忧》栏目的节目主持人，他要求用几个字把他的爱好用中国书法展现出来。孙小姐给我翻译了他的意思，我思量了以后，

我在法国的市场

浮现出两个字“释然”，我征求孙小姐的意见，她说：“很好，你写吧！”我就写了三遍，挑了一幅最好的，把另外两幅当着那两个人的面撕掉了。那对夫妇非常吃惊，说：“太可惜了，为什么要撕掉？”我说，中国书法必须要给别人最满意的作品，不满意的只有把它撕掉。两位美国朋友给我留了他们家里的电话，让我到了美国一定给他们打电话，有什么问题他们一定帮我解决。他们非常喜欢中国书法，风趣地说，5年前，他们请人写了一幅书法，挂了3年，有一天，家里来了一个中国人，一看，说挂倒了！大家哈哈大笑……

从那以后，孙小姐经常帮我翻译，我也约她到艺术城玩。有时候，她将做好的鱼和别的好吃的带到艺术城来，和朱先生我们三个人一起吃。她也在艺术城帮我们做饭，请我们看电影。电影都是法语，我们得坐到后面，她小声给我们翻译成中文。慢慢地，我们互相越来越有好感，成了非常真挚的朋友。当我学习交流期满回国，孙小姐送我到戴高乐机场，我检完票登上楼梯时，她哭了，而且是号啕大哭，这一哭，把我的心哭碎了。我回国后，她的信就像雪花一样一封封飞来，在回她的信时，我自己一个人在办公室痛哭流涕，这把双刃剑刺到我的心，让我在痛苦中煎熬……

同年10月，我又欣慰地接到法国文化部的邀请函，这次是我一个人去巴黎。孙小姐给我做饭，帮了我不少忙，还在后来的一些大的活动中给我当翻译。我们还一起游览了欧洲很多国家的艺术馆、博物馆和风景名胜。孙小姐不光是我的好朋友，也是来艺术城学习考察的中国留学生们的好朋友。她总是助人为乐，做了很多力所能及的事，从不接受任何人的报酬和馈赠。她常常说，大家都是中国人，能为国人做点事是理所应当的。孙小姐从上海外国语学院毕业，后来到法国卢浮宫博物馆学习，并留在了法国，在一家公司资料中心做负责人。她不光才华横溢，而且有一双灵巧的手，做一手好中国菜。我尊敬的梁大姐和梁先生，还有一些法国的朋友，奥加德夫妇、麦维尔夫妇，我的好朋友麦纳夫妇、杜和亚玲夫妇，大家组成了一个小的朋友圈，经常聚会，不亦乐乎。

我离开巴黎后，他们也经常聚会，每当聚到一起的时候，总要和我通电话。离开巴黎已经21个年头了，这些往事还仿佛是昨天的事情，历历在目。杜和亚玲带我和孙小姐一起去荷兰旅游，我们花大量的时间看凡·高艺术馆、现代艺术馆、郁金香公园、大码头。那里有一条童话般的小巷，家家户户都坐落在水的中央，尖尖的船逍遥地游着，摇曳在碧波荡漾的五颜六色的夜景中。我在荷兰把自己所带的钱都用来买丙烯颜料了，这些颜料带回来后一直使用了十几年，画出了不少好作品。从荷兰回巴黎的途中，我突然想到有一大景观没有参观，非常遗憾。杜问我是什么，我说把阿姆斯特丹的红灯区给遗忘了，大家哈哈大笑。

回国后，我请孙小姐来中国旅游。我带她游览了天水麦积山及敦煌莫高窟。知己难逢，我们相处得像兄妹一样。

2006 年，我在德国慕尼黑举办画展，结束后我回到巴黎看老朋友梁大姐、梁先生、王鹤远、张宁，以及画家、理论家陈德民。我和孙小姐一起去看望年事已高的麦维尔太太和奥加德太太。奥加德先生于前一年去世了，享年 105 岁。奥加德太太说："你要每年来看我，再不来就看不到我了。"岁月悠悠，回忆我的欧洲之行，和众多朋友在交往中结下深厚友情，这种友情是永恒的。

希拉克总统的来信

在巴黎的两个展览结束后，我去西班牙旅游。从西班牙旅游回来，收到一大堆信。梁大姐请我去她家做客，因为我不懂法语，我就带着这些信件去了，请梁大姐、梁先生翻译给我听。当梁先生读到一封信时对我说："你获奖了，你知道吗？颁奖日期都过了，你怎么还不知道。"还有一封信，梁先生说是希拉克总统给我寄来的，他念信的时候我正在喝酒，我说："开玩笑，你们总统怎么能给我来信呢，这简直是天大的笑话！"但总统在信中说，他收到了我给他寄去的请柬，因有事没有来成，向我表示歉意。我说："我怎么可能给你们总统寄请柬呢？我又不认识他。"希拉克总统和夫人还给我寄了贺年卡。而且我获奖也是真的，获得的是法兰西功勋与奉献协会颁发的银质勋章。

我怎么获的奖我确实不知道，可能是艺术城推荐的，因为我在艺术城的展览很成功，艺术城的主席布鲁诺夫人很欣赏我的作品。颁奖日期已经过了，我说："那怎么办呢？"梁先生说，他先帮忙打电话问问。我说："你先不要给他们打电话，你把这个东西给我，我先寄给使馆和新华社，让它们看看有没有必要去领。"使馆和新华社的人看了，说这个颁奖的组织非常庞大，自中华人民共和国成立以后，获奖的中国人算我只有20位，都是各行各业的精英。后来，使馆委托新华社跟那个组

LE PRÉSIDENT DE LA RÉPUBLIQUE

Paris, le 12 MARS 1996

Monsieur,

Vous avez eu l'amabilité de me faire parvenir le catalogue de vos oeuvres ainsi que l'une de vos récentes créations.

C'est avec beaucoup de plaisir que j'ai découvert la maîtrise ainsi que la capacité de renouvellement de la peinture chinoise qui s'expriment avec force à travers vos créations.

Permettez-moi de vous adresser de très vives félicitations et des voeux chaleureux pour la poursuite de votre oeuvre.

Je vous prie, Monsieur, d'agréer l'expression de mes sentiments les meilleurs.

Jacques CHIRAC

M. JIANG ZHI XIN
Académie des Arts du Gansu
266, Binhe Donglu
Lanzhou Gansu
REPUBLIQUE POPULAIRE DE CHINE 730000

希拉克画评

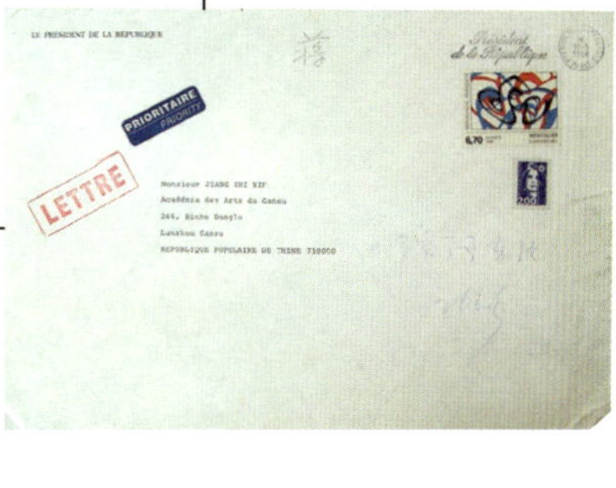

COURAGE | DÉVOUEMENT | MÉRITE | ARTS | SCIENCES | LETTRES | SPORTS

LE MÉRITE ET DÉVOUEMENT FRANÇAIS

DIPLÔME

DE

CROIX D'ARGENT

Décerné à Monsieur JIANG Zhi Xin
pour Services exceptionnels rendus à la Collectivité Humaine

Enregistré sous le n° 37538

LE 14 mars 1996

Le Secrétaire Général

MÉRITE ET DÉVOUEMENT FRANÇAIS COMMISSION SUPÉRIEURE DES RÉCOMPENSES

Le Président

MUTUALITÉ | HUMANITÉ | PROGRÈS | CHARITÉ | SOLIDARITÉ | PHILANTHROPIE

获奖证书

“法兰西功勋与奉献”银质勋章

织联系，给我补发了这个奖项——“法兰西功勋与奉献”银质勋章。

法国总统希拉克给我的信和春节贺卡是怎么回事呢？可能是我按麦维尔太太给我的名单照抄发请柬时，那名单里面就有总统的名字，因我不懂法文就不知道而已。梁大姐建议说：“你如果愿意的话，把你的画送给我们总统一幅，他会很高兴的，他很钟爱中国文化。”临回国的时候，我就给希拉克总统准备了一幅一米见方，名叫《对饮》的画，以及一本大的画册。我和梁大姐把这些送到爱丽舍宫的收发室，里面夹了一张我的名片和一封短信。

回国不到一个月，我就收到了希拉克总统给我寄到甘肃的信。我把信传真到法国，法国的朋友给我翻译了又传真给我。信中写道：“我饶有兴趣地发现了您对中国绘画的创新能力及技巧，它们强有力地展现在你的作品中。”他身为总统那么忙，不仅用心看我的画，还对我的画做了评价，而且说得那么准确，那么恰如其分，实在让人感动！

《对饮》
（105cm×100cm，1993 年创作，1997 年法国前总统希拉克收藏）

蒋志鑫

自述

在巴黎的7个月里，我去了西班牙、意大利、荷兰、比利时、奥地利和周边的一些国家。

1996年的夏天，回兰州待了半年以后，我又意外地收到了来自法国的一封邀请函，邀请我去法国文化部在艺术城的工作室。艺术城有40多个国家的艺术家工作室，是面向世界各国艺术家的。艺术城不对私人提供工作室，而是由国家买下工作室，再派自己的艺术家去那儿搞活动，这是艺术城的宗旨。法国文化部在40多个国家的画家里面，意外地把我选上了。

第二次去法国，住宿条件好了，位置也好，在塞纳河边，巴黎圣母院的钟声一响，我这边就能听到。我在法国的朋友也越来越多，活动安排得满满的，前一个星期就把下一个星期的活动定好了。

这次在法国，我大量的时间还是流连在卢浮宫和奥赛博物馆。另外，法国的一些画家办展览也邀请我，所以我还到法国南部等一些地方参加法国艺术家的展览。

在画展中，法国国际广播电台多次采访我。有一次，电台采访我的第一个问题是："你到法国来，让你最吃惊的是什么事？"我说："法国是一个艺术的殿堂，是艺术的王国，巴黎是一座文化名城，但让我最吃惊的是在大街上到处可以踩到狗屎。"大家听得哈哈大笑。第二个问题是："你认为法国现在

1997 年 4 月我获得法国“艺术・科学・文学”银质奖，在巴黎协和大厅领奖

的艺术是在走上坡路还是在走下坡路？”我说：“你们在走下坡路。”他问：“为什么？”我说：“你们辉煌的时候已经过去了。”他说：“那你们中国呢？”我说：“我们中国在走上坡路。我们有几千年的文明史，‘文化大革命’后，实行改革开放，中国的经济文化都开始复苏，在走上坡路。”法国的《费加罗报》《欧洲日报》《欧洲时报》《巴黎龙报》都发专题介绍了我的艺术作品。

在法国短短的一年多时间里，在奥加德等一些法国老朋友和新朋友的帮助下，我先后在巴黎办了 9 次展览。

我觉得奥加德先生对我这么好，想送他两幅画以表谢意，可他让我把画送给法国参议院，因为参议院还没有挂中国画家的画。于是我拿了 10 幅画，请专家选了一幅。参议院不开会的时候是允许参观的，他们先后 4 次在参议院的金餐厅请我、孙小姐、梁大姐吃饭。

1997 年 4 月 27 日，我在巴黎协和大酒店领取了“艺术·科学·文学”银质奖，成为法国艺术、科学和文学研究学会成立 80 年来第一个获奖的中国艺术家。

这一次颁奖大会我本人到场了，身边还有一大帮朋友与我在一起，新华社主任记者吕全诚先生参加了我的颁奖仪式。颁奖典礼在协和大酒店的大礼堂里举行，来自世界各国的200位艺术家、科学家、文学家在此领奖。我走上领奖台时，大会主席用法语介绍了我的艺术成就，全场掌声雷动，照相机的闪光灯就像闪电一样，晃动在我的全身，我有生以来第一次感到了自豪。当我走下领奖台时，世界各国的艺术家、文学家、科学家及男男女女的观众都走向我，因为他们的礼节是要亲吻4次，有些法国女士的口红颜色很艳，把我的两个脸颊染得五颜六色。

1998 年，我的作品《牦牛》参加法国巴黎秋季沙龙展，又获得了“艾琳娜·范海”奖。

我在巴黎一共参加了6届秋季沙龙展，办了9次个人画

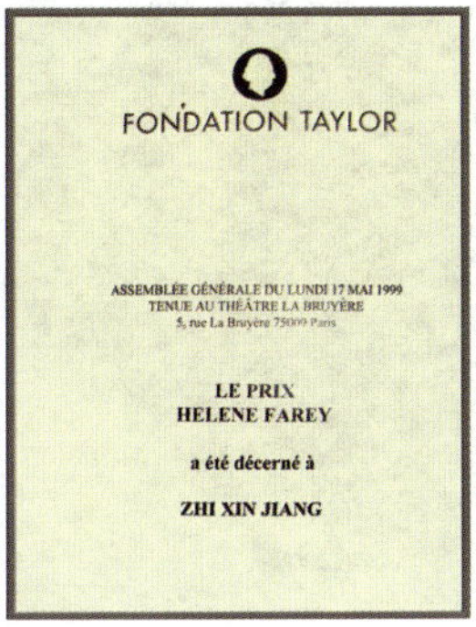

FONDATION TAYLOR

ASSEMBLÉE GÉNÉRALE DU LUNDI 17 MAI 1999
TENUE AU THÉÂTRE LA BRUYÈRE
5, rue La Bruyère 75009 Paris

LE PRIX
HELENE FAREY

a été décerné à

ZHI XIN JIANG

“艾琳娜·范海”奖

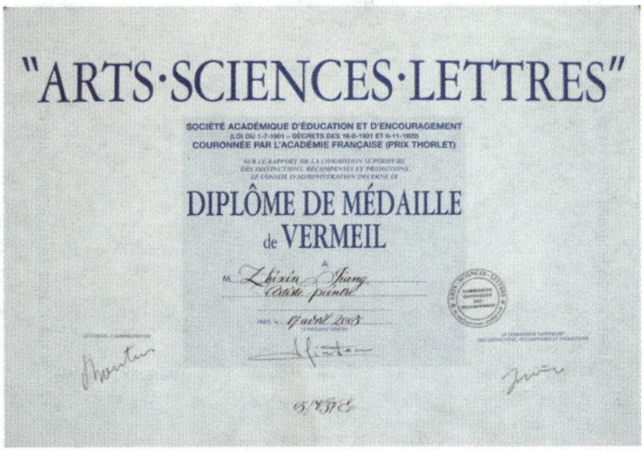

"ARTS·SCIENCES·LETTRES"

SOCIÉTÉ ACADÉMIQUE D'ÉDUCATION ET D'ENCOURAGEMENT
COURONNÉE PAR L'ACADÉMIE FRANÇAISE (PRIX THORLET)

DIPLÔME DE MÉDAILLE
de VERMEIL

2005 年获法国艺术、科学和文学研究学会颁发的“艺术·科学·文学”金质奖

展，4次获奖，其中第4次是2005年获得的“艺术·科学·文学”金质奖。这次是由程大利的女儿，法学博士程小牧代我领的奖。

法国人评画，主要是看作品有没有个性，有没有创意，是以艺术标准为唯一的标准，不带任何庸俗观念。收藏画、买画，也不讲价。在法国一年多，我的自信心也得到了巩固。

《春风》
（69cm×69cm，1989年，法国参议院收藏）

《蛮牛》
（85cm×55cm，1997 年创作，1999 年参加“法国大皇宫秋季沙龙展”，获法国“艾琳娜·范海”奖）

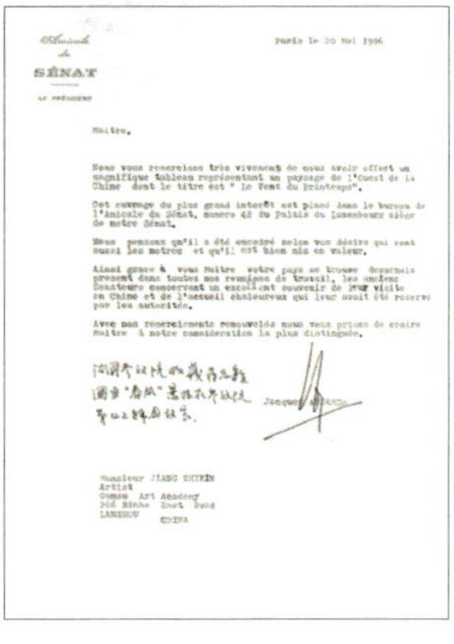

Amicale du SÉNAT
LE PRÉSIDENT

Paris le 20 Mai 1996

Maitre,

Nous vous remercions très vivement de nous avoir offert un magnifique tableau représentant un paysage de l'Ouest de la Chine dont le titre est " le Vent du Printemps".

Cet ouvrage du plus grand intérêt est placé dans le bureau de l'Amicale du Sénat, numero 42 du Palais du Luxembourg siège de notre Sénat.

Nous pensons qu'il a été encadré selon vos désirs qui sont aussi les notres et qu'il est bien mis en valeur.

Ainsi grace à vous Maitre votre pays se trouve desormais present dans toutes nos reunions de travail, les anciens Senateurs conservant un excellent souvenir de leur visite en Chine et de l'accueil chaleureux qui leur avait été reservé par les autorités.

Avec nos remerciements renouvelés nous vous prions de croire Maitre à notre consideration la plus distinguée.

Jacques [illegible]

Monsieur JIANG ZHIXIN
Artist
Gansu Art Academy
[illegible]
LANZHOU
CHINA

法国参议院收藏证书

《无题》
（103cm×103cm，1990 年）

蒋志鑫

自述

《无题》
（104cmX99cm，1993年）

蒋志鑫
自述

《道无终始》
（120cm×120cm，1998 年）

《道可道也》
（120cm×246cm，1997 年）

《天长地久》
（120cm×120cm，1999 年）

蒋志鑫

自述

《岁月》
（246cm×120cm，1998 年）

《无题》
（70cm×106cm，2000 年）

《浪涛月》
（246cmX120cm，2000 年）

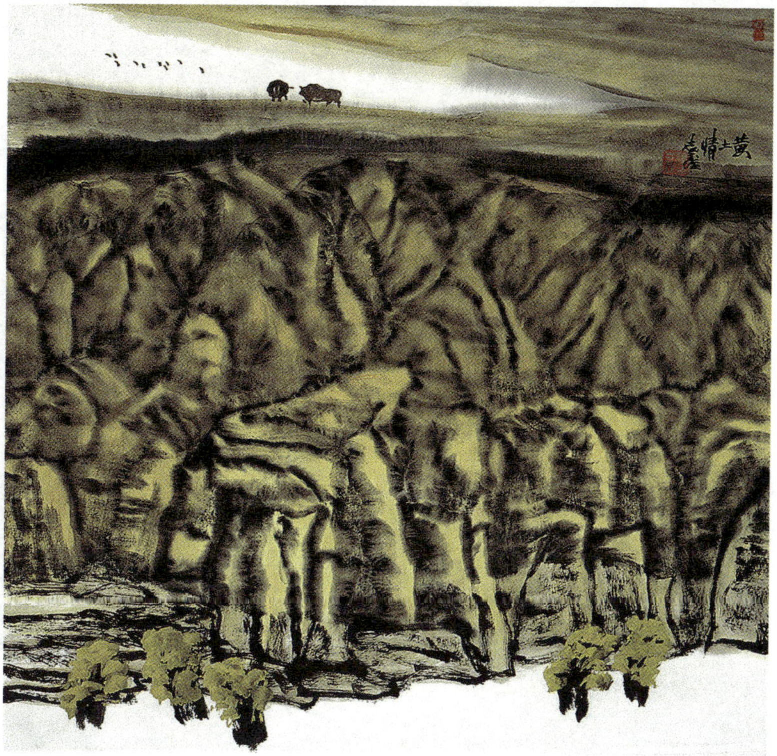

《黄土情之三》
（69cmX69cm，2001 年）

《紫气东来二》
（345cm×142cm，2002年）

蒋志鑫

自述

紫氣東來

《无题》
（52cmX52cm，2001 年）

蒋志鑫

自述

第八章・移居北京

爱上那间大画室

1996年，我从法国巴黎回来后，通过程大利结识了中国画研究院院长刘勃舒先生。他是徐悲鸿的入室弟子，刘勃舒看了我的画，很是赞赏，对我鼓励了一番，让我好好努力，将来他一定把我调到研究院去。那时我开始准备在北京买房子。为什么我想在北京买房子呢？其实甘肃画院的条件也不错，但是多年来我一直喜欢画大画，却一直没有一个满意的画画场所。甘肃画院的画室是一间20平方米的小屋，3米宽，7米长，一面是窗户，一面是门，距离很近，而且墙上装了墙裙，贴了壁纸，地上铺的是木地板。这么好的装修，却非常不适合作画。在那里只能画一画四尺大小的画，六尺大小的也还可以，但没法画更大的画。在甘肃的时候，我只有等到逢年过节放假后，没有人进进出出了，到画院的大厅里去画大画。这个问题一直困扰着我，是最让我烦恼的一件事。

在巴黎时，我认识了中央美术学院画油画的洪凌先生，有一次我们聊天，他说朱乃正先生想转让在北京平西府的房子，大概要40多万元。等我回到北京正式询问这件事情的时候，房子涨到了70万元，而且一分钱也不能少。我去看房子的时候，门锁着，我就看了隔壁卢沉老师的房子。他的房子和我要买的房子格局一模一样，其中的大画室对我的诱惑力最大，那是我多年以来梦寐以求的画室。我就赶紧卖了兰州的房子，得了 21 万元，还差很多。我没有办法，就向我的朋友雷菊芳女士借了 25 万元。然后，我又七拼八凑了一点钱，背了 40 多万元，到北京来了。但朱先生的太太说 70 万元一分钱也不能少，得等到第二年我把钱给齐了再交钥匙。直到这时，我还没看过房子，只看了照片。第一次，我交了 40 万元，好几个人数钱数了一下午。

第二年，也就是 1999 年，3 月 30 号这一天，我又在朋友那儿借了 20 万元，自己留了一些收拾房子、买家具的钱，其余的都给了朱太太，并说剩下的钱希望他们再等上几个月。我们总算说定了一个双方都认可的期限，他们才把钥匙给了我。当时，北京很冷，那天雾蒙蒙的，我借来几床被子，带着我的朋友，三个人到了我新买的房子外。门推不开，钥匙也打不开，我请来卢沉先生，他也没办法。我们只好把玻璃打碎后进去。但一进去，我就傻眼了：木地板从楼上被吹到一楼的地上，把门都堵死了；屋里到处漏水结冰，马桶、水管、暖气片全部冻裂了；洗手池的水龙头没有水。我一时欲哭无泪。再看楼上的木地板，只有拐角的一间房子里是好的，其他的都像被掀开了似的，七零八落。我心里有一种说不出来的感觉，不断追问自己：我怎么会这样轻率？为什么不事先来看一下？

之前留的 8 万元钱是准备购置家具的，看到这样的惨状，我只好先找人维修。我通过门卫找到河南的一个维修队，我的钱不够，又从几个朋友那儿凑了一些钱。第一次收拾、维修花掉了 21 万元。此后多年，我都不断地在维修这套房子，一次次折腾，把窗户和门一次次换掉。光是天窗就修了十多次，因为一直漏水，又一直找不出原因。但唯独有一点，那间大画室我没让它闲着，一直夜以继日地在里面画画，我把自己内心的苦楚都发泄到画画上。

我始终相信，上天总会帮助努力的人。我继续画画，也经常有人来买我的画，我的经济状况渐渐好转，也有了一些积蓄。2005年，看到周围邻居都在装修房子，我也决定把房子重新翻建。首先是选择工程队，经过比较后，我选择了一个武警工程队。由于村内道路狭窄，大型机械无法进来，只能使用小型工具和人力将原来的房子拆除。我自己设计、监工、采购，从3月到10月底，经过8个月的建设，终于完成了。这期间的酸甜苦辣只有我自己知道，就像面对一个得了疑难杂症的病人，解决一个问题又出来一个问题，不断地解决，但我最终建成了自己理想中的结实房子。

新建成的房子总面积为420平方米，三七墙，采用内框外砌的做法。我将原来的暖气片拆掉，采用地暖。我从网上找到一家有德国技术的电采暖公司，花了十几万元，超出预算的钱，就请朋友们帮忙凑。当时我是全院唯一不用锅炉的人，哪个房间住人就开哪个房间的暖气，既干净又环保。房子有上下两层，二层是长9米、宽9米的画室，一共81平方米，图个吉利。画室上面是长3米、宽3米的玻璃天窗，阳光直射进画室。画室的墙面经过特殊处理，先贴上铁皮，再贴上毡子，处理之后，画过的画可以用吸铁石吸在墙上。一层是展厅、客厅、裱画室、厨房等。在有限的空间中，有了一个小展厅和一间不错的画室，我自己非常满意。

2005年秋天，我的房子快盖完了，不知怎的，这消息就传出去了。北京有一群用家具换作品的人听说我在装修房子，就把家具摆在我院里的草坪上，说他们愿意用家具换我的字画，无奈之下，我用画换了一些家具，现在家里用的桌子、椅子、床都是那年换的。

2007 年我应北京能源部门秦先生的邀请去云南采风，我们一行四人翻越了哀牢山，看到了诸多老茶树，然后直奔西双版纳景洪。在秦先生的引荐下我们参观了景洪的一家木材加工厂，看到他们专为画家做老挝花梨木的画案，我很是心动。秦先生见我满心喜欢，帮我选了两块大板，每块板都在一吨以上。我用我的一幅丈二匹的《九牛图》和他们换了这两块大板用作我的画案。云南采风结束回到北京不久，他们就把画案运到了

我在工作室创作

我的画室。

房子建好后，我的歌唱家朋友刘朗带着几个朋友前来祝贺，朋友们相聚在一起格外开心。歌唱家朋友们尽情地唱歌，听到刘朗唱《我的太阳》，我的激情被调动起来了，我一边听他们唱歌，一边作画，一直画到半夜1点，一气呵成，画成了我的得意之作《银河倒泻》。这是一幅长3.5米、宽1.81米的大画，画中云雾缭绕，就像好多人的激情燃起、爆发一样。这幅画就像我的孩子，是我最喜欢的画之一。

2001 年我在中国美术馆致辞

第二次走进中国美术馆

在北京平西府居住的几年，我继续采风、创作，积累了不少作品，特别是巨幅画，如 3 米多高、2 米多宽的。这期间，我创作了“黄河”“黄土”“胡杨”“牦牛”“草原”“敦煌”等系列作品，题材均以西部风物为主。

1987 年 1 月，38 岁的我第一次在中国美术馆办展览，第二次办展览是 2001 年，我 52 岁，这是属于我的“幸运 52”。

当时，我有了想法就立即开始行动，找到了中国美术馆馆长杨力舟。杨力舟也是个纯朴的西北人，他引荐我与展览部主任王兰接洽，王主任翻看了一下档期，说 2001 年后半年还有档期。我想定在 8 月份，因为那时不是很热，秋高气爽，并提出想在正厅展，但中国美术馆有个不成文的规定，60 岁以下在艺术上没有特殊贡献的人是没有资格进正厅展览的。她查阅了资料，看到 1987 年《中国文联通讯》中写道，当年在中国美术馆最有影响的展览是“黄土魂——蒋志鑫书画展”。加上我也拜访了著名画家刘曦林先生，他看了我的作品，大加赞赏，称赞我“立足于表现西部，是很有成就的艺术家”，我的画得以在正厅展出。

办展要交 5 万元定金，但我当时囊中羞涩。2001 年 3 月 8 日，一大早，我坐出租车进城找朋友借钱。我从安宝华、周绚、刘亚强、程大利那儿各借了 1 万元，晚上又去邻居陈大姐家借了 3000 元，加上我自己的钱，凑够 5 万元。3 月 9 日一大早，我就把钱交到了中国美术馆展览部。交完定金，还需要出版一本画册，甘肃人民出版社答应为我出这本画册。

要想办好一次展览，需要准备的事情很多，这期间，我通过卖画增加一些收入，当时一幅斗方小品的价格是 10 万 ~12 万元。办展览还要请很多名家来，我都一一登门拜访，请到了邵大箴、薛永年、程大利、刘勃舒，中国画研究院和甘肃画院为主办单位。布展时，馆长杨力舟亲临指导，他说之前还有一些担心，看了原作他就放心了。当天，中央电视台一套《时空资讯》栏目对我进行了 7 分钟的介绍。

2001 年 8 月 28 日，我的书画展在中国美术馆如期举行，王文芳、周韶华等几位德高望重的老艺术家亲自来为开幕式剪彩。周韶华老师坐了一夜火车赶来，让我十分感动。程大利、中国美术家协会主席刘大为、中国美术馆馆长杨力舟都出席了开幕式。开幕式后是研讨会，刘勃舒和程大利主持了研讨会，会上来了很多电视台和新闻媒体的记者。我的画册也出版了，社会各界对我的展览给予了高度评价。开幕式那天，中国美术馆同时有 7 个展览开幕。二楼是俄罗斯油画展，还有综合展、北京画院的写生展、时任文化部副部长高占祥的书画展、南方画家张继馨的花卉展。我的展览在正厅，52 岁的我，是这些展览的作者里最年轻的画家。可以说，在中国美术馆的第二次个人画展我又打了一次胜仗。

2001 年我与恩师王文芳先生（右二）、周韶华先生（右三）在中国美术馆

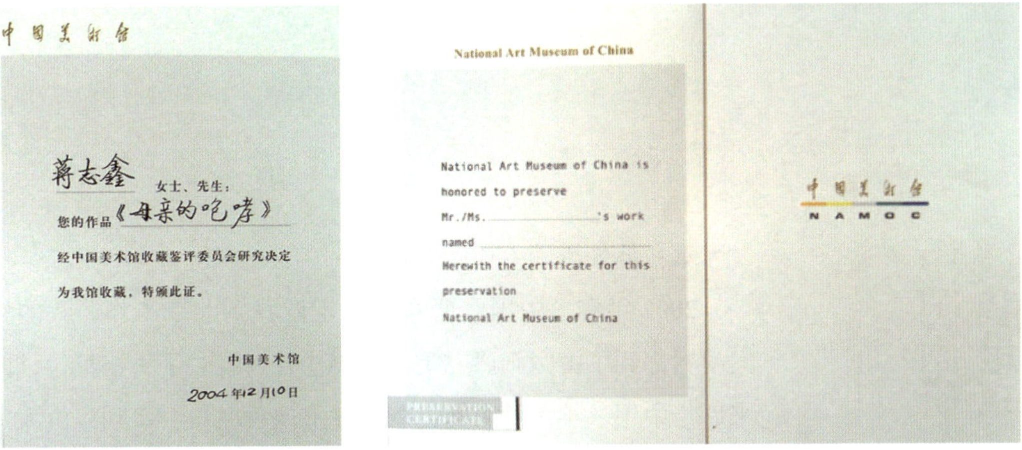

中国美術館

蒋志鑫 女士、先生：

您的作品《母亲的咆哮》

经中国美术馆收藏鉴评委员会研究决定

为我馆收藏，特颁此证。

中国美术馆

2004年12月10日

National Art Museum of China

National Art Museum of China is

honored to preserve

Mr./Ms. ________________'s work

named ________________________

Herewith the certificate for this

preservation

National Art Museum of China

PRESERVATION CERTIFICATE

中国美術館

N A M O C

中国美术馆作品收藏证书

《母亲的咆哮》
（360cmX146cm，1999 年创作，2004 年中国
美术馆收藏）

中国画研究院调我进京

水往低处流，人往高处走。

2002 年春，中国画研究院决定调我到北京工作，我的档案材料都到了中国画研究院。那年 7 月，我去了香格里拉，回来后集中用一年多的时间，画了“追魂香巴拉”系列，由人民美术出版社出版。到 2003 年时，中国画研究院说文化部进京的指标没有了，我只能再等等，当时我的档案已经到研究院两年了。后来因为各种原因，我调动一事也就搁浅了。

但是，我还是坚守着我的艺术园地，不断地追求。我的人可以漂泊到任何地方，但我的心却永远栖息在一个地方，那就是西部。我一趟一趟去甘肃，一趟一趟去青海，一趟一趟去新疆，一趟一趟去西藏，然后就是在我的画室里度过一个又一个日出月落，感觉酸甜苦辣、灵感喷薄，一张一张地泼墨挥洒，一直到现在，我还是顽强地活着，顽强地创作。

2006 年，甘肃画院新的领导班子上任，安书记很关心我，特意来京看望了我一趟，并补发了以前欠我的工资，我也在行动上回报了画院，现在大家相处得情意融融。

画出西部山水的大气魄

我生长在甘肃省东部的崆峒山下，背靠崆峒山，面朝太统山，黄河支流泾河从固原的老龙潭缠绕着崆峒峡从我眼前奔流而过。我立志要表现这块土地。我曾去过无数名山大川，也曾为这些名山大川激动不已；我阅览过历代画家笔下的山水，由衷地钦敬他们。但中国的西部，却不知何时被画家们在不经意间冷落了。博大、雄浑、广袤、苍凉的西部，有着厚重的文化底蕴。就说甘肃吧，大地湾的彩陶文化距今已有 8000 年，仰韶文化距今也 4000 多年了。此外，这里有人文始祖伏羲、女娲，有中国道教第一山——黄帝问道于广成子的崆峒山，有东方文化宝库敦煌莫高窟、东方艺术走廊麦积山石窟等丰富的历史文化遗产，容纳着秦、汉、唐、宋、元、明、清各代精美的绘画作品。岁月流逝，沧海桑田，曾经与丝绸之路同时辉煌的西部，却在近些年慢慢走向落寞。

作为一个现代艺术家，根植于生活的沃土，表现自己熟悉的有感情的地域，是我的使命与追求。首先，我把画黄土高原、表现高原神韵作为创作目标。我多次徒步、骑自行车跑遍了家乡的山山水水、沟沟壑壑，画速写积累素材，临摹名画，学习传统。但我在传统绘画里始终找不到适合表现西部的技法，迷茫之中，先贤们“无法而法，乃为止法”“外师造化，中得心源”的箴言让我豁然开朗。我学过西方绘画，有造型能力；从小练毛笔字，有笔墨体会；在北京进修，开了眼界。于是我集师法众长而又我行我素，凭借自己的感受和灵感画了一批表现黄土高坡的作品。

1987年7月，我在中国美术馆举办的第一次个人画展“黄土魂——蒋志鑫书画展”得到了理论界和美术界的一致好评，这更坚定了我的信念。画了黄土高坡，我又开始画黄河。我曾经多次去壶口，看大瀑布，听汹涌澎湃的黄河涛声，观察不同时段的黄河。我从山西的壶口，一直画到青海的三江源，画了一个“黄河”系列。我用自己探索出来的技法，随心所欲地表现黄河的多种形态，或汪洋恣肆，或澎湃大气，或缓缓东流，或气象万千。在《天歌》《天韵》《银河倒泻》等作品中，我做了把狂草手法融于绘画的一种很个人化的尝试，这些独具风格的作品得到了美术界的好评，《天泻铜液》还入选“百年中国画展”。著名美术评论家刘骁纯曾在《激情逐笔　心潮追浪》一文中这样评说：“可以说是一气呵成，元气淋漓，神工鬼斧，浑然天成。他笔下的怒涛，形、笔、墨、色、情、景、意、境达到了相当难得的融合，以大写意笔法和浪漫激情画大涛大浪而达到如此水平者，以往未之见也。”

1988年，我调到甘肃画院后，经常去甘南草原，宁夏昊王坟、贺兰山，青海瓜什则草原、坎布拉，云南玉龙雪山，四川广元、麻柳、亚丁等地采风。或许是我属牛的缘故，我对牛情有独钟，先是画陇东的黄牛，到草原以后，便被牦牛深深地吸引了。为了画好雪域中的牦牛，我在雪域高原过了两个春节。牦牛很剽悍，毛很长，从远处看像是一个黑点。冬天，一场大雪过后，白茫茫的雪地上的牦牛，就像一粒粒移动的黑色围棋子。从此，我表现雪域的画，主要以牦牛为主题。有一次，在甘南写生时，一大群牦牛冲我而来，像战车般排山倒海，我急忙躲到一块大石头背后，看着牦牛擦身而过，此后，我画了一幅《追太阳》，画中表现了铺天盖地的牦牛。牦牛和雪域分不开，和草原分不开，和我的心更分不开，它是我绘画中的一个重要题材。我多次赴青藏高原采风，对那片神秘的地方充满好奇。西藏的林芝有着江南般的美景，如人间仙境，阿里的山川则是一派苍凉，青海的玉树让人心旷神怡。我忘情于草地上、雪域高原上。

我采风时，画速写，也拍照片，积累大量素材。但创作时，主要靠目识心记，靠真情感受。每次回到工作室，我在第一时间就把刻骨铭心的感受挥洒出来。

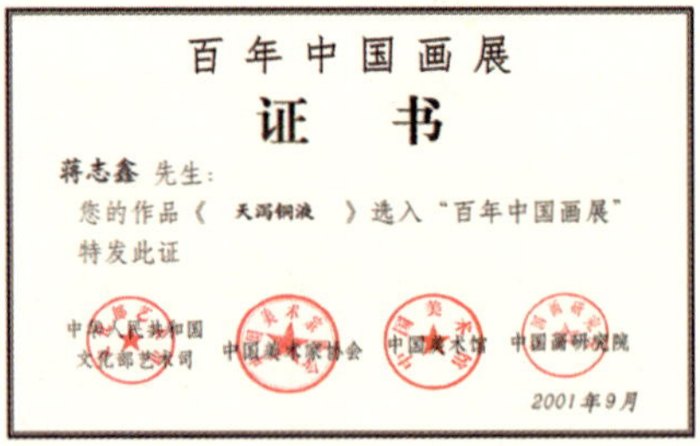
百年中国画展

证　书

蒋志鑫 先生：

您的作品《 天泻铜液 》选入“百年中国画展”

特发此证

中华人民共和国文化部艺术司　中国美术家协会　中国美术馆　中国画研究院

2001年9月

作品《天泻铜液》入选“百年中国画展”

《天泻铜液》
（246cm×120cm，1993年）

生死香格里拉

2002年盛夏，我应好友方立新及成都国税局之邀，赴香格里拉镇的亚丁朝拜向往已久的圣地。

第一天上午8点从成都出发，途经泸定桥、大渡河，夜里12点到达康定县城就住。第二天，我们向理塘进发。一路上，典型的川藏地貌和民俗风情唤起我8年前西藏之行的记忆，给了我一种久违的亲切感。然而，所有的欢悦渐渐地被高原反应取代，行驶在海拔4000多米的“沙漠王”越野车，似乎和我们一样缺氧，艰难地颠簸在布满大大小小的石子路上。8年前，我曾有过两次西藏之行，所以对这次川藏之行抱着侥幸心理，感觉不会有什么事。谁知，这次的高原反应却来得如此凶猛。夜里11点到达理塘时，我整个人就像泄了气的皮球一样萎靡，上吐下泻，头剧烈疼痛，两个太阳穴像两面被猛烈敲打的大鼓，心脏也加速了跳动，好像随时都会蹦出来。我怀疑这已不是我的身体，我被击倒了，整个夜晚都被一种极度的痛苦和恐惧包裹着，感到灵魂正从我的躯体内一点点地出走。

第三天，我们出发前往稻城，翻越关山崖，穿过海子山，经过整整一天的颠簸，夜里12点到达宿营地。在海拔4600多米的地方，高原反应依旧不依不饶地纠缠着我，身体虚弱得像一根浮动在水面上的芦苇。所幸我还能站起来，但常常眼前发花，朦胧中，我窃喜自己还能看见，觉得这是香格里拉对我的

我与亚丁香巴拉的孩子们

极大馈赠啊！

入夜，高原反应像一记重锤，不停敲打着我，使我难以入睡。也正因如此，我得以把自己几十年来的艺术人生梳理一遍。想不到，这次思考竟然比我在北京画室内的思考多了些许东西。多了些什么呢？这个莫可名状的东西时而清晰，时而模糊，它不停地涌动着，使我内心激荡，我想，我就要抓住它了。

第四天，早上 7 点出发，行驶 6 个多小时后，我们开始进入亚丁地界。我远远地望到了群山之中耸立着三座雪峰，点缀着蓝天。三座雪峰之首名为“仙乃日”，藏语是观世音菩萨之意。另两座“央迈勇”和“夏诺多吉”，藏语分别是文殊菩萨和金刚手菩萨之意。相传三座山是藏传佛教的奠基者莲花生大师命名的。我激动得忘却了身体的不适，久久地眺望它们，仅仅用“美丽”“壮观”这样的词语描述它们是不够的。香格里拉是要人来感受、敬畏，在激动之余沉思的。那一刻，我明白，它将是我创作的又一个源泉。

要到达三座雪峰的山脚，需要骑马沿河谷走 3 个多小时，再步行 2 个小时。马儿在茂密的树林中穿行，经过三座极像金字塔的玛尼堆，传说这是三位高僧的灵地。当地的朝拜者为了纪念他们，大多将刻有经文的石板垒在上面，以表示对高僧的尊敬。林间小路沿着清澈见底的河流缓缓而上，河边的绿草铺就了不规则的绚丽图案，红柳在溪流旁随风摇曳着。仰望两边山体，壁立千仞，层峦叠嶂，有的山峦如莲花绽放，有的山势龙腾虎跃，有的则似天女散花，有的极像佛陀显相。这一切景象在阳光的照射下，显得那样神奇而变幻莫测，这不就是天堂吗？正如约瑟夫·洛克所言："在整个世界里，还有什么地方有这样的景色等待着艺术家和探险家呢？"大自然的鬼斧神工，让我的灵魂受到了一次庄严的洗礼。

我们越走越近，在约瑟夫当年拍照的大石头前，我强撑着身体边走边看，边速写边拍照。傍晚，我们支起帐篷，生起炉火。于是，这世外桃源也有了人间烟火。夜，静静地来了，我的高原反应依旧很凶猛，尤其是白天初入仙境时，由于太兴奋，整个人都像散了架似的。我闭上眼睛背诵着《心经》，一遍又一遍，还是睡不着，这已经是第四个夜晚了。一阵恍惚过后，我觉得眼前直冒金光，我似乎看见自己躺在床上，忽而又飘到空中，俯瞰着三座雪峰，它们既像佛又像菩萨，又像雪山。忽而，山前的海子里还映照出我的身影。"我会飞了！"我在梦里喊出了声，一下子惊醒了，这真是灵魂出窍吗？我感觉自己真的不行了！我想给儿子打电话，告诉他爸爸不在后，他要坚强地生活下去，可是手机没信号。整个夜晚，我想得很多很多。我是怎么了？这些从未有过的多愁善感和顾影自怜，如果是出于病痛之苦，尚可理解，但如果是出于对死亡的恐惧，对于我

2002 年 7 月我在亚丁仙乃日主雪峰

这个西部汉子来说，则是那么陌生和不可思议。

时间被香格里拉的夜晚和高原反应拉长了。在万籁俱寂之时，我静听着自己的心跳，在这个不眠之夜煎熬着。我想，来川藏，来香格里拉，没有高原反应就缺了点什么。凌晨 4 点 35 分，帐篷外不知名的动物惊动了树上的鸟儿，鸟儿叽叽喳喳地叫了起来。这一阵欢快鲜活的叫声，给我注入了一线喜悦和希望。我慢慢走出帐篷，坐在对面的一块大石头上，大口大口地呼吸着香格里拉清晨的空气。我感到自己逐渐好了起来，开始翘首眺望四周的山崖。白云缠绕着央迈勇的山峦，像一条白色的哈达。此时，水不流而山转，云不动而天旋。看着看着，我眼前一黑，趴在石头上动弹不得。当我睁开双眼时，眼前忽然一亮，朝霞染红了山顶，渐渐染遍了大半个山体，峰尖的白云已变成了燃烧的火炬。当阳光洒在我身上时，我的心灵也被注入了光和热，我又活过来了！整个央迈勇被蓝天、白云和橘红色的霞光所笼罩，我如醉如痴地愣在那里，觉得它耸立在那里是等待着我来领悟、来表达的。我们走到仙乃日雪峰脚下，看到珍珠海子像一面镜子，把雪山倒映在里面。这使我想起前一夜我飞翔在海子上空的梦境，不禁掬起一捧水，水缓缓地从我的手上滑落下去，山的影子也随之从指间滑落了。这时，藏民朋友说："许个愿吧，会很灵的。"我双手合十，贴在了额头前。从此，把香格里拉展现给世人，成了我最大的心愿。

"追魂香巴拉"系列就是这次难忘经历的记录。因为心中的感受太强烈，回来后，我还写了一篇名为《探访天堂》的文章。

追寻胡杨林

新疆，壮阔美丽，将是我后半生要着力表现的地方。

我去过新疆三次，北疆的胡杨林像磁铁一样牢牢地吸住了我的心，我画了《生命的呼唤》《凤凰涅槃》，表现胡杨坚韧不拔、百折不挠的精神。站在活千年不死，死千年不倒，倒千年不朽的胡杨面前，我感慨万千，于是就有了《追寻胡杨林》。

面对一棵棵生而不死，死而不倒，倒而不朽，朽而硅化成晶莹剔透的玛瑙宝石的树，我领悟到什么是浴火重生，什么是灵魂与肢体的升华，什么是“色即是空，空即是色”。

那时我怀着敬畏之情，去探望仰慕已久的戈壁守护神——胡杨。

9 月的北疆，风和日丽，车子奔驰在广袤无垠的戈壁滩，所到之处，惊起卧休的骆驼群。它们顿时一个挨着一个站起，井然有序地向远方跑去，留给我们的是一排排远去的背影。这边还未及赏完，那边驼群又起，我们这一路没少惊扰戈壁的生灵。下午 5 点，我们到达鸣沙山，我脱掉鞋子，挽起裤脚，踏着绵绵的细沙，领略大自然的纯净，当我回头看走过的串串足迹，有些惋惜自己破坏了这美妙的大自然。车子继续前行到了清水泉，在大戈壁上见到清泉让我们格外兴奋。先喝一肚子甘甜清澈的泉水，洗去脸上的沙尘，顿觉清爽很多。清泉周围长满了芦苇，映衬着夕阳，随风摇曳，倒影在清泉中，真有点

2007 年我在新疆胡杨林

“芦拂水面尘不动，日穿泉底水无痕”的意境。说话间，芦苇从中突然窜出两只黄羊，我立马将镜头对准它们。说时迟，那时快，它们已一溜烟儿跑了，我急忙按动快门，可拍下的只有它们的背影。一路美景不断，但我们的主要目的地是木垒胡杨林。太阳西下，我请求司机加大油门，追赶下沉的太阳。在沙漠，汽车行驶时速最快也不过 80 公里，我焦急地盼望能早点一睹向往已久的胡杨林。

刚刹车，我急匆匆下来，端起我的尼康 F4S 奔向胡杨林。我上下左右打量着神态各异的胡杨，第一感觉是，这哪是胡杨林，我分明步入了古战场遗址，确切地说这里像疆场，是轩辕黄帝打败蚩尤的疆场，周围迷漫着一种人已去而魂未散的阴森。这些横躺竖立的胡杨，宛如赤身裸体的战士，我被它们的形态惊呆了！

太阳像有意等着我似的垂悬在天际，把周围的云染得通红，反射在胡杨林中，给胡杨增加了一层光影，树枝更显得黑中透红，仿佛在燃烧，灵魂出窍，给人浴火重生的感觉。当我意识到这是千载难逢的景观时，急忙对准它们摁下快门，当第9次摁下快门时，太阳的余晖消失在镜头里 。夜幕降临，我靠在一棵直立的胡杨上感慨万分：“人生一世，草木一秋，胡杨何止一秋！”胡杨在中国西部这块版图上据说已存活了6000多万年，以塔里木河附近为最多，额济纳旗为次，但木垒的胡杨林最悲凉、最壮观、最耐人寻味。我抓住胡杨那粗糙的树皮，使劲地推了几下，喃喃自语：“蚂蚁撼大树。”

回到帐篷里，方感饥肠辘辘，马灯下饥饿的我们喝着伊利特酒，嚼着新疆的馕饼，很过瘾。兴奋了一天，我刚一躺下，就鼾声如雷，美梦连连，最后一个梦是我领着我的爱犬贝贝，一起去胡杨林，可我总是追不上跑在我前头的贝贝，着急中惊醒，打开手机一看，才凌晨 4 点 30 分。此时，帐外的风声如鬼哭狼嚎一般，我赶快穿衣出门。风虽大，却不扬尘，凉意袭人，举目望去，星光璀璨。这次新疆行和亚丁那次大不一样，我没有一点高原反应，反而感觉有一股使不完的劲，躺在床上，听着风声，想着昨天一路的风光，我不由自主地点燃搁在床头的马灯，翻开速写本，记录昨天的事。9 月 11 日，这是个不寻常的日子，发生过震惊世界的“9·11”事件，也是我追寻胡杨，顿悟“凤凰涅槃”真谛的纪念日！

不知不觉，一缕晨光已钻进了帐篷，我赶紧收拾行囊，背上相机，大步向胡杨林走去。我一边观赏着千姿百态的胡杨，一边望着东方，看旭日冉冉升起，熠熠生辉。我疯狂地按着快门，奔跑在色彩斑斓的林间，捕捉这瞬间的奇迹。此时，地面几乎和胡杨是一样的颜色，浑然一体。胡杨林的地面看似松软，踏上去却很硬且碱性很大，由于长年缺水，地下的碱泛出地表，形成一片一片的白色盐碱地。在如此恶劣的地质环境下，能存活到现在的大型树木也只有胡杨了。胡杨能存活至今，其主要的原因是它扎根于地下 20 多米，吸收沙下泥土的营养，这才长成粗大的躯干，方能抵挡住风沙，成为捍卫戈壁的勇士、见证历史的活化石。

告别木垒胡杨林，我们又南行穿越浩瀚的塔克拉玛干沙漠，到了南疆的阿克苏地区，这是个非常美丽富饶的地区。在朋友的带领下，我们去往库车大峡谷，一路上，群峦叠嶂、万壑纵横，或单或双，或三五成群，或凝聚成一堆堆、一座座、一排排形态各异的山峦，仿佛是大自然雕琢的作品，无论俯瞰还是仰视，都是最自然、最奇妙的珍品。南疆的山峦太独特！站在自然的神工鬼斧面前，我顿觉自己是何等渺小而无奈。

库车大峡谷是一个由红砂岩构成的大峡谷，全长约 10 公里，最宽处为 12 米，最窄处为 0.6 米，胖人很难通过。翘首望去，两面山体似断非断，只能望见山峰，从空隙间向上望，蓝天与白云也奇形怪状，让人目不暇接，真有“横看成岭侧成峰”的感觉。尽管库车是这么神秘，但我心里想的仍是胡杨。它也像是遇到知己，纠缠着我不放，非要把满腔的委屈向我倾诉。它似乎也是我艺术的磁场，紧紧地吸引着我的思绪，不容我再做它想。我满脑子装着胡杨，魂牵梦绕的是胡杨！

一种责任感油然而生。胡杨，我敬畏的戈壁守护神，我爱你！我要为你呐喊！我有点迫不及待的感觉。

回到北京，凭感觉画出两幅胡杨后，我才去冲洗胶卷。没想到我的摄影水平如此之高，专业摄影师拍的照片也不过如此，其实这是大自然的恩赐，这种天人合一的磁场引力牢牢地把我的心和胡杨黏在一起，我常常为它夜不能寐。创作之前，我翻阅了大量关于胡杨的资料，为它想好了主题——“凤凰涅槃”，我要以这个主题去表现我意念中的胡杨。

当我看到胡杨后，我才领悟到什么是生命，什么是精神不死，什么是涅槃，什么是轮回，我仿佛顿悟了。胡杨不光是一种树木，它是历史的活化石，它象征着华夏民族的精神，饱经沧桑、不卑不亢、我行我素、个性张扬。它无怨无悔，承受着天翻地覆、沧海桑田的变迁，随着岁月的年轮，硅化成晶莹剔透的硅化木，这就是涅槃，是一个大的轮回。胡杨硅化后，新的生命又会破土而出，猛一看像是柳叶，扁长的叶子一丛丛，一旦长成小树，叶子就变成圆圆的，如铜钱状，当地的老百姓称胡杨为梧桐树。中国有句老话：“留着梧桐在，引得凤凰来。”所以关爱胡杨、保护自然是每个地球人义不容辞的职责，只要留得胡杨在，凤凰自然会归来。春的碧绿，秋的金黄，叶出叶落，年年岁岁。

我冷静而又疯狂地创作着一幅幅胡杨，洒在纸上的不光是笔墨，更多的是泪，是情，是融入我灵魂深处的艺术精髓。“凤凰涅槃”也是我永恒的创作主题，是我新的愿望。

《凤凰涅槃》

（365cmX142cm，2004 年）

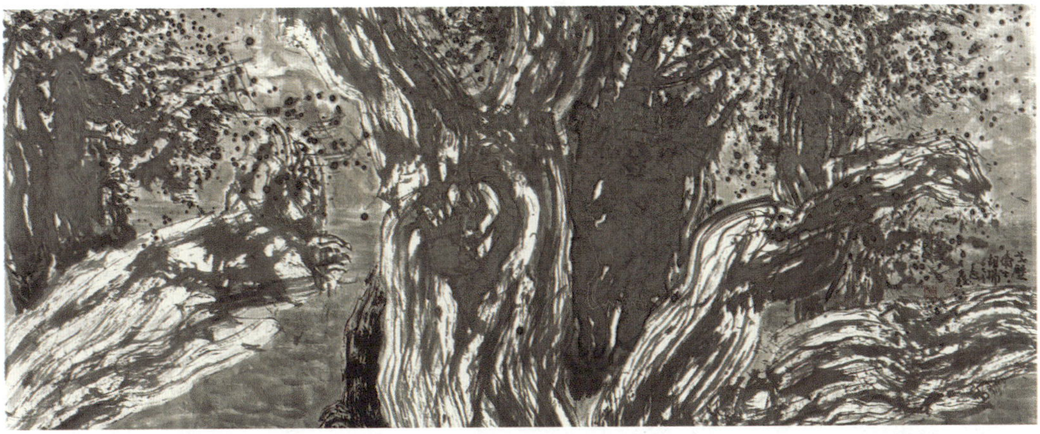

《戈壁卫士》

（246cmX120cm，2007 年）

《胡杨青青》

（365cmX142cm，2010 年）

《水墨胡杨》
（120cm×120cm，2009 年）

蒋志鑫

自述

2011年12月16日，应陈董事长之邀，我有幸参加了首届“中国企业家、艺术家赴南极采风”活动。那次活动由心友汇国际旅行俱乐部组织实施，受邀的8位艺术家中，7位是来自高校的著名油画家，只有我一人是中国画大写意画家。我们一行在北京登上飞机，经过30多个小时的飞行，跨越南美洲大陆到达南极乔治王岛，又乘“欧神诺娃号”游轮到达南极半岛。此时，正逢南极的极昼季节，没有黑夜，长天、大海、冰川、雪峰晶莹肃穆，一望无际。我们在船上度过了6天5夜，除了用餐休息之外，每天都乘坐皮艇观光登陆两三趟，游览半月岛、拉可罗港、库佛维尔岛、天堂湾、梦幻岛、利马水道等雪岛海域。鲸鱼时而出现在游轮两侧，或摇鳍摆尾，或喷水戏玩，好像在和我们打招呼；海豹懒洋洋地躺在雪地上，偶尔睁眼看看，抬头摆尾三两下后接着睡；帽带企鹅、巴布亚企鹅等各种企鹅都有自己的领地，它们时而在岸上向我们走近，时而闪电般窜入水中嬉戏，母企鹅则在石子窝上静静地孵雏。

在我眼中，除这些海洋动物之外，白茫茫的雪山似曾相识，我仿佛又回到了青藏高原和昆仑雪域。白云蓝天映照着纯净的海域雪山，真是美不胜收！雪山的倒影在海面上形成了一幅美丽的画卷，分不清哪儿是天，哪儿是海，令人心醉！任何语言表达在这里都显得苍白无力！

我在南极采风

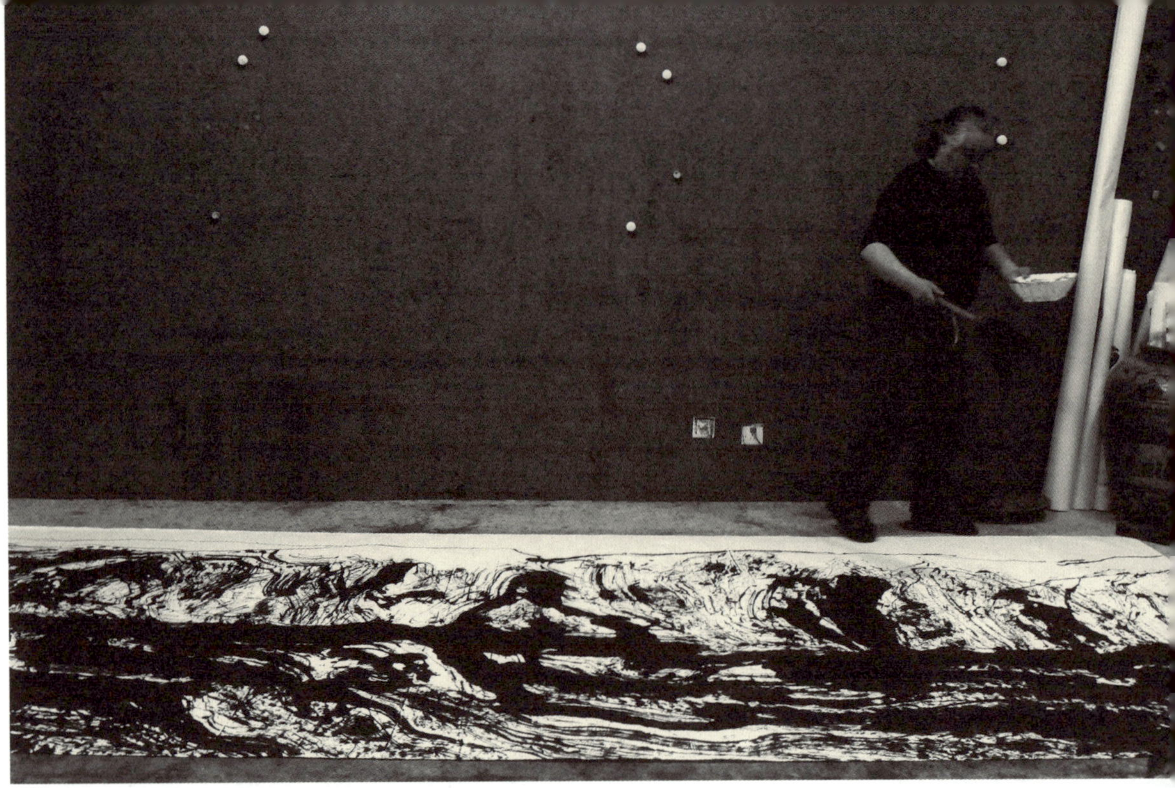

我从南极归来进行创作

南极归来，我用了 4 个月的时间，创作出了一批表现南极的作品。用水墨、大写意手法表现南极，我应该是第一人。2012 年 4 月 24 日，宝隆艺苑蒋志鑫艺术馆展出了这些作品，同时出版了一本水墨南极的画册。

与全国美展无缘

由中国美术协会家举办的五年一届的全国美术作品展览（简称“全国美展”）往往都与我无缘。最早，我在平凉群艺馆工作时，也曾为全国美展认真准备过作品。如《陇原之春》《紫气东来》《黄土魂》这些作品，都是严格按照中国美术家协会的基本要求创作的，就是希望能入选全国美展。当时，如果参加三次全国美展，就有资格申请成为中国美术家协会会员。可是，五年一届的全国美展参展名额是按照指标发放给每个省的，甘肃省在西北边陲，经济搞不上去，文化艺术也跟着吃亏，全国美展给甘肃分配的指标是10~12个。

我们准备的作品只能入选全省的美展。好多人在展厅里看到我的画，纷纷给我打电话：“这么好的画怎么没有送全国美展？”我只能说自己与全国美展无缘。就这样，我错过了三届全国美展。

后来我选择了走个人展览的路。这是一条崎岖蜿蜒、曲折艰辛的路，但是我还是选择了它，一次次地展示我对西部艺术的探索与创新，这是我对西部的一片真情。这条路从国内走到国外，反而成就了我的绘画之路，我的作品也从此得到社会认可，如入选《当代中国画（1979—1989）》。当时的入选条件是获得全国美展金奖或银奖，而我接到了一份通知：“我们荣幸地通知您，您的作品《陇原之春》选入1979年《当代中国画》

2006 年我在十万沟写生

选集。”还有我的作品《春雨贵如油》，在范迪安先生的特别推荐下，入选《中国现代美术全集》。这幅画是我 1987 年 1 月在中国美术馆举办展览期间被中国美术馆收藏的作品。

继 2001 年在中国美术馆正厅的“西部追魂——蒋志鑫个人艺术展”之后，我又在今日美术馆、宝藏美术馆等举办了近年来书画新作展，圈内圈外的人开始重新关注我的艺术，各种媒体争先恐后做报道。我不善社交，在北京很少在外面活动，可每年两次的西部采风是雷打不动的。西部就像我的充电器一样，我充足了电，回到北京，进行忘我的创作，灵感画空了再去充电。我去充电不是大张旗鼓拍几张照片就回来，而是悄悄地深入底层，独与天地精神相往来，体味自然万物的精神内涵，充实自己的精神境界。我的作品是我真情的流露和艺术的再造，没有矫揉造作和无病呻吟。我善用大写意的笔法，以长笔大墨书写我心中逸气和自然风骨。

2016 年 7 月我从西藏采风归来作画

2016 年 7 月我在 798 艺术中心圣歌画廊举办“独自眺望——蒋志鑫的无垠世界”艺术作品展

2017 年 2 月 8 日我在西双版纳植物园写生

1999 年西藏速写（1）

1999 年西藏速写（2）

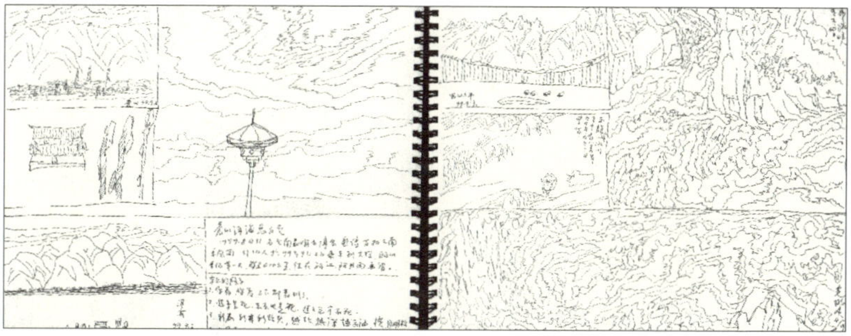

1999 年速写稿

1999 年写生稿

《极境》

（188cmX98cm，2012 年）

《南极净界》

（54cmX42cm，2012 年）

《无题》
（246cmX120cm，2011 年）

《极昼》
（178cmX96cm，2012 年）

《俯瞰南极》
（520cmX190cm，2011 年）

蒋志鑫

自述

第八章

·

移居北京

《月沉昆仑》
（620cm×250cm，2006 年）

蒋志鑫

自述

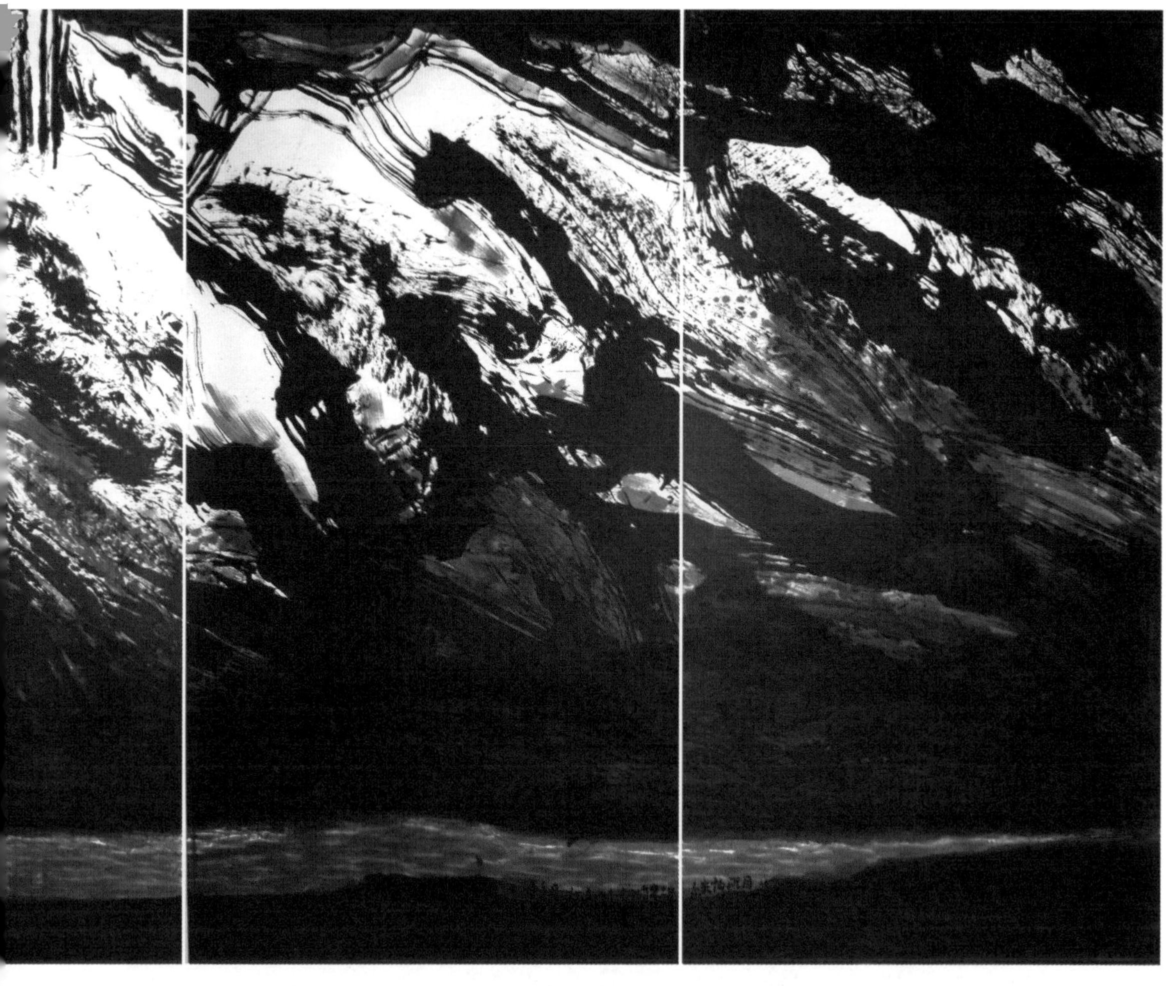

第八章

·

移居北京

《圣湖之旅》
（138cmX68cm，2009 年）

《天池》
（218cmX84cm，2012 年）

蒋志鑫

自述

《圣界》
（69cmX69cm，2009 年）

《雪域雄风》
（139cm×69cm，2008 年）

《山高水长》
（625cm×250cm，2016 年）

蒋志鑫

自述

《无题》
（68cmX68cm，2004 年）

《明月无声》
（138cmX68cm，2009 年）

《天堂》
（100cm×143cm，2002 年）

蒋志鑫

自述

《行云流水》
（177cm×330cm，2005 年）

《雪域之魂》
（178cmX96cm，2002 年）

《喜马拉雅》

（490cm×250cm，2016 年）

《月沉昆仑》
（620cm×250cm，2007 年）

蒋志鑫

自述

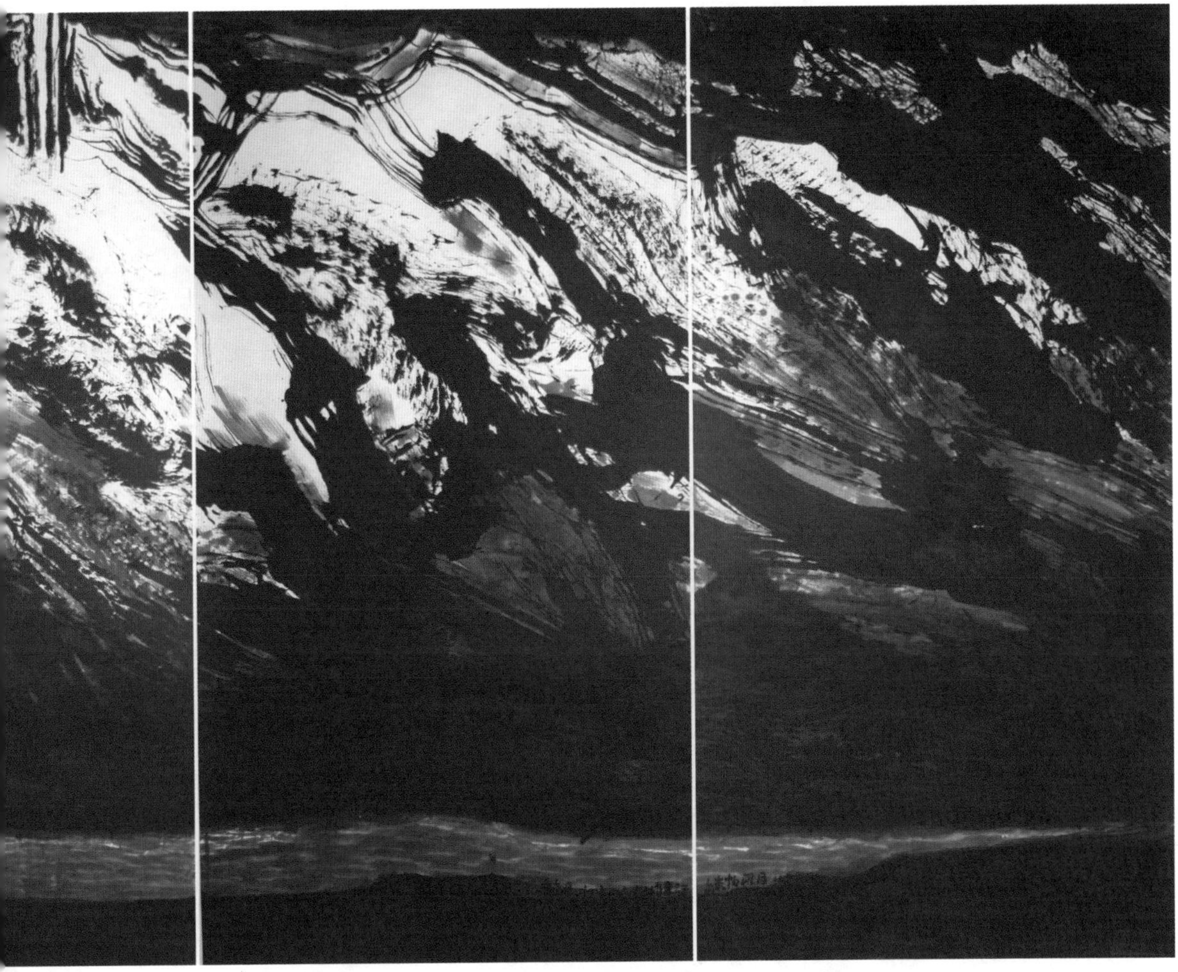

第八章

·

移居北京

《野牦牛》
（85cmX55cm，2013 年）

蒋志鑫

自述

第九章・爱

十年等来有缘人——叶子

2000年，我跟前妻分手，之后单身近10年。我是夜猫子，白天晚上都工作，创作起来忘乎所以，常常饥一顿、饱一顿，没人关心，有时亲戚来帮忙照顾我。有一次生病住院，我意识到应该再成个家了。2009年春，经朋友介绍我认识了我现在的爱人——叶子。见面之前，我们通过两次电话，我感觉她是个坦诚的人，邀请她来北京，朋友帮我从机场把她接到我家。当她走进我的小院，我看到她有一双纯净的大眼睛，明亮而和善，甜甜的笑容里蕴含着丝丝苦涩。她是经历过苦难的人，经过一段时间的相处，我觉得她就是我要找的人。我们两情相悦，决定共度我们的后半生。叶子在一所民办艺术学校从事管理工作，但她为了我，毅然辞去了老家的工作。她是有信仰的人，家里几代人都是天主教徒，本性善良，勤劳贤惠。自从她来到我家，家里变得整洁而温馨。她把家中的事务打理得井井有条，做一手好菜，干起活来很忘我。我们有共同的爱好，做事追求完美，很多事情都能想到一块儿。她不仅是我生活中的好伴侣，也是我工作上的得力助手，帮我整理资料，把我的画作拍照分类，管理得清晰明了。她生活节俭，还是我的好司机。她有个弹钢琴的女儿，2011年毕业于西北民族大学音乐系，美丽大方，善良聪慧，在蓝天幼儿园工作，一年后就成了尖子教师。我们一家人其乐融融，这就是我想要的生活。人们常说“家和万事兴，子孝千祥结”，家庭和睦才能让我的事业顺利，我觉得叶子就是上天给我派来的天使。

我与叶子在平西府

爱犬贝贝和咖啡

我的“小儿子”贝贝跟了我18年，它4个月大的时候就来到我家，当时我还在兰州。

贝贝是一只不太纯正的英国犬，个头不是很大，长了一身白色的毛，两只耳朵和眼圈都是黑色的，看人的时候总是乐呵呵的。在我眼中，它和其他狗不一样，当你对它说话的时候，它亮晶晶的褐色眼睛总是温和地盯着你的眼睛、嘴巴，试图领悟你的意图。它特别伶俐，也很调皮。因为我对它过分宠爱，缺乏调教，它有时难免放纵。

贝贝是我的影子，我的伙伴。我在画室里画画时，它总是陪着我，每当我晚上工作到12点以后，它就用嘴巴扯着我的裤腿，意思是我该休息了。我常常想，这只狗怎么这么通人性呢，它为何如此聪明。

它跟着我不到一年，我已经离不开它了。我出外回来，首先要看到的是贝贝，首先迎接我的也是贝贝，它总是又蹦又跳，和我亲热个没完。1999年初，我决定迁居北京了，因为带着它多有不便，就忍痛割爱，经过多方选择考察，给它找了一个好主人。

1999年3月，我搬到了北京。虽然新到一个城市，杂事繁多，忙得连喘气的时间都没有，但对贝贝的思念就如同春天的柳絮，时刻缠绕着我，我托朋友坐火车把它带到了北京。在火车站接它时，人狗相对，我竟无语良久。

从1999年8月开始，贝贝就又跟我在一起了。从那时开始，它就一直陪伴着我，我寂寞的时候它给我带来了好多欢乐。在北京平西府，它是最聪明的一条狗。

因为它经常往外跑，被村里的人盯上了。一次我出差去山东，贝贝被人偷走了。我回来知道狗丢了，哭了半个月，全院子的人都帮着我找狗。3个月的时间里，我的心情都非常沮丧。为了调节心情，那年春节我就回了兰州。过完春节回京，村上有一个姓刁的师傅对我说："你的狗有线索了，在西三旗的一个人家里。"最后在朋友的帮助下，我用2000元赎回了我的贝贝。我的狗终于回来了！当它进大门的时候，全院子的人都出来欢迎它，因为大家都知道它是我的心头肉。

为了不让贝贝再跑丢，我破天荒地在家门口做了一个铁栅栏。我们院子里有一条不成文的规定，那就是谁家都不做栅栏。为了我的爱犬，我只好不管这个规定了。大家也都能理解，因为知道我特别爱狗，怕狗丢了。对来我家的客人，我总是叮嘱三件事：第一，不要摸它；第二，不要用脚踢它；第三，要把门拴好，以免它再跑出去。

贝贝在我家待了整18个年头的时候离开了我。

再说说我的"小孙子"咖啡。咖啡到我们家生活了19年，也走了。在咖啡出生刚一个月的时候，我儿子从兰州将它买来送给他妈妈，可是他妈妈不喜欢，儿子就坚决要把它带到北京来。孩子天性善良，舍不得把狗送给别人。

咖啡和贝贝的性格不一样，它是一只非常温顺、善良的狗，从不大闹，很安静。咖啡浑身都是均匀的咖啡色短毛，嘴尖尖的，很像狐狸。咖啡从没咬过人，但是它特别记仇，谁要惹了

爱犬贝贝和咖啡

它，它总是不依不饶，那个人是绝对不能再来我们家了。

咖啡和贝贝两只狗相依为命，但是它们的关系却好像叔侄一样。咖啡总是比贝贝低一个辈分，吃饭的时候总是让贝贝先吃，它在边上看着，偶尔也和贝贝为抢一块骨头打一架。咖啡缺乏个性，太温柔了，和贝贝截然不同。贝贝是一只爱憎分明，不依不饶，天不怕地不怕的狗。

2015 年 3 月 8 日，我们去沙河狗市买了一条全身黄毛、不满一个月大的狗狗，它是个女孩，我们给它起名叫“贝拉”。十多天后，家里又跑来一只很小的流浪狗，全身白毛，和贝拉差不多大，我们就收留了它，也给它取名“贝贝”，两只狗狗现在已经 4 岁了，给我们家增添了不少乐趣。

我酷爱的石头

我喜欢石头，走到哪儿都爱观察石头，我也不知道为什么，可能是因为石头有亘古不变的形态，有一种耐人寻味的内涵，有一种使人百看不厌的质朴。看到好的石头，我就忍不住要买回来。我的院子里放了四五十吨的石头，房子里更是有大小不同，来自全国各地的石头。有时候，我把喜欢的石头放在床上，慢慢地抚摸着它；看电视的时候，我就坐在石头跟前抱着它，感觉它们和我的精神世界融为一体了。

但最让我爱不释手、浮想联翩的，是那块高高地放在院里碾盘上，浑身上下闪烁着五颜六色光点的石头。

这块石头是2004年我回平凉，重游小时候每次上山割竹子、挖药材必须路过的十万沟时，在十万沟将官窑门前的泾河里发现的。这是一块由好多种颜色的小石子聚集而成的大石头，当时它一头浸在水里面，露出了一个光滑的斜面，上面色彩斑驳，像是远古猿人有意识磨出来的。

发现这块石头后，我欣喜若狂，克服重重困难，把它带到了北京。

为了弄清这块石头的成分，我请教了中科院的地质学专家王教授。他说这块石头有一亿多万年的历史，石头上面的各色斑点是土的化石、各种小动物的化石、各种植物的化石，这些化石自然地聚集在一起，石头就变成了这种奇特的样子。

我和我的石头

知道了这块石头的奥秘，更感觉到它有一种说不出的亲近感。当初这块石头只有一个面是光滑的，其他几面很粗糙，我就想把它像玉石一样雕琢出来，打磨成一件艺术品。我买了一些相关的工具，冒着酷暑在院子里面打磨它。经过一个星期的精心打磨，它变得晶莹剔透，妙不可言，成了我心中的挚爱、眼中的瑰宝。

我把它放在家门口的碾盘正中，作为我的镇宅之宝，好让每一个来到这里的人第一眼就看到它。也让它像金刚石一样磨砺我这块“顽石”，磨砺我的秉性脾气，磨砺我的艺术人生。2017年，我把它运回平凉，放在我的艺术馆正厅。

我喜欢纯天然的石头，每到一个地方就去看当地的石头市场，看到喜欢的就神采飞扬，非要买下。有一次，我给国家核电写了一幅字“和也者，天下之达道也”，他们在山东泰安玛塔镇找到上百吨的石头，要把字刻到石头上，每个字需要放大到长宽一米多，我担心放大后改变字体，所以要求亲自到现场看着刻。本来安排我住在济南，我要求住在镇里，就这样，我在玛塔镇待了8天。当地有个特别大的石头市场，我一有空就去逛。这些石头有的像人，有的像飞天，有的像珊瑚，我越看越喜欢，忍不住就买一块，就这样把自己100多万元的积蓄都买了石头。

我把带的钱都花完了，又看上一块石头，它外形像牦牛，浑然天成，让我爱不释手。可是我已经没钱了，就对老板说，你把这石头给我留着，明年我来买。回到北京，我对那块石头一直念念不忘，攒够了钱，没等到第二年，我又去了山东，终于把它买了回来。100多万元买的石头有几十吨重，用工地的车拉到北京特别不容易。我将它们一一摆放，有的放在家里，有的放到院子里，屋里屋外随处可见。

在新疆采风时，从乌鲁木齐石头市场到和田、喀什，我一遇到合自己心意的石头就买下，发回北京。我到江西采风时，也买过一些石头，加起来有七八吨重，通过物流公司运回北京。讲起石头我总是津津乐道。我收藏的最大的石头有7吨多重，最小的也有几十斤重。我就是这么爱石头。

爱石

牛石

地心

思想者

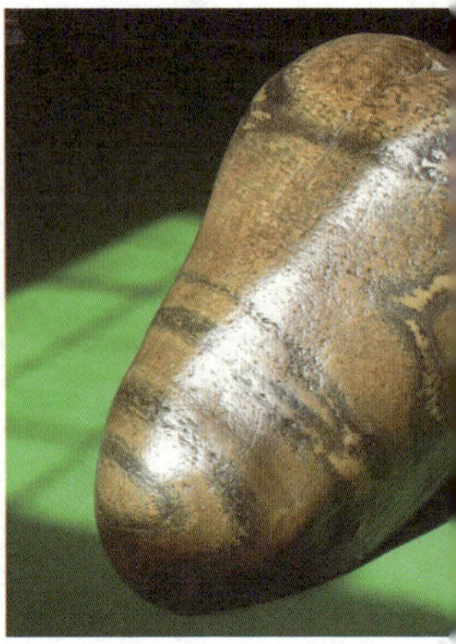

磬

黄河激浪

拳王

汉龟

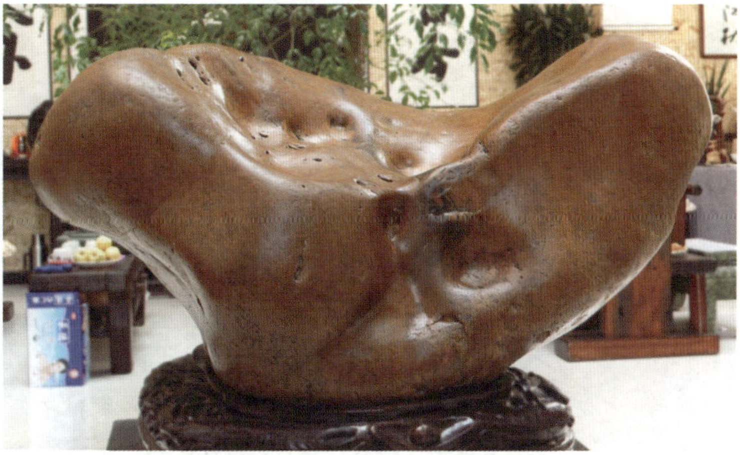

生命之源

千峰万仞

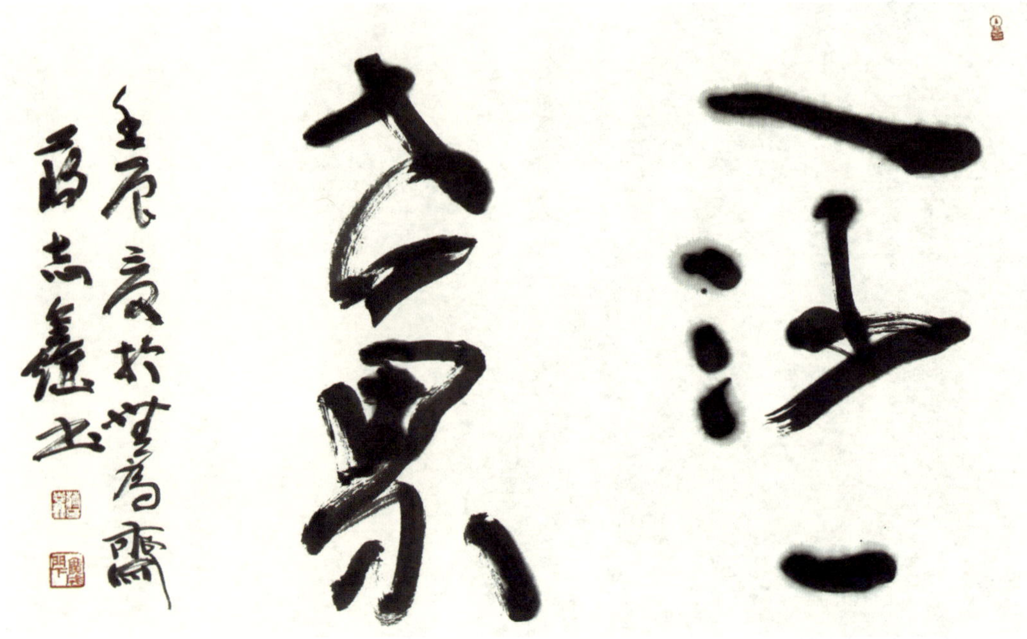

蒋志鑫

自述

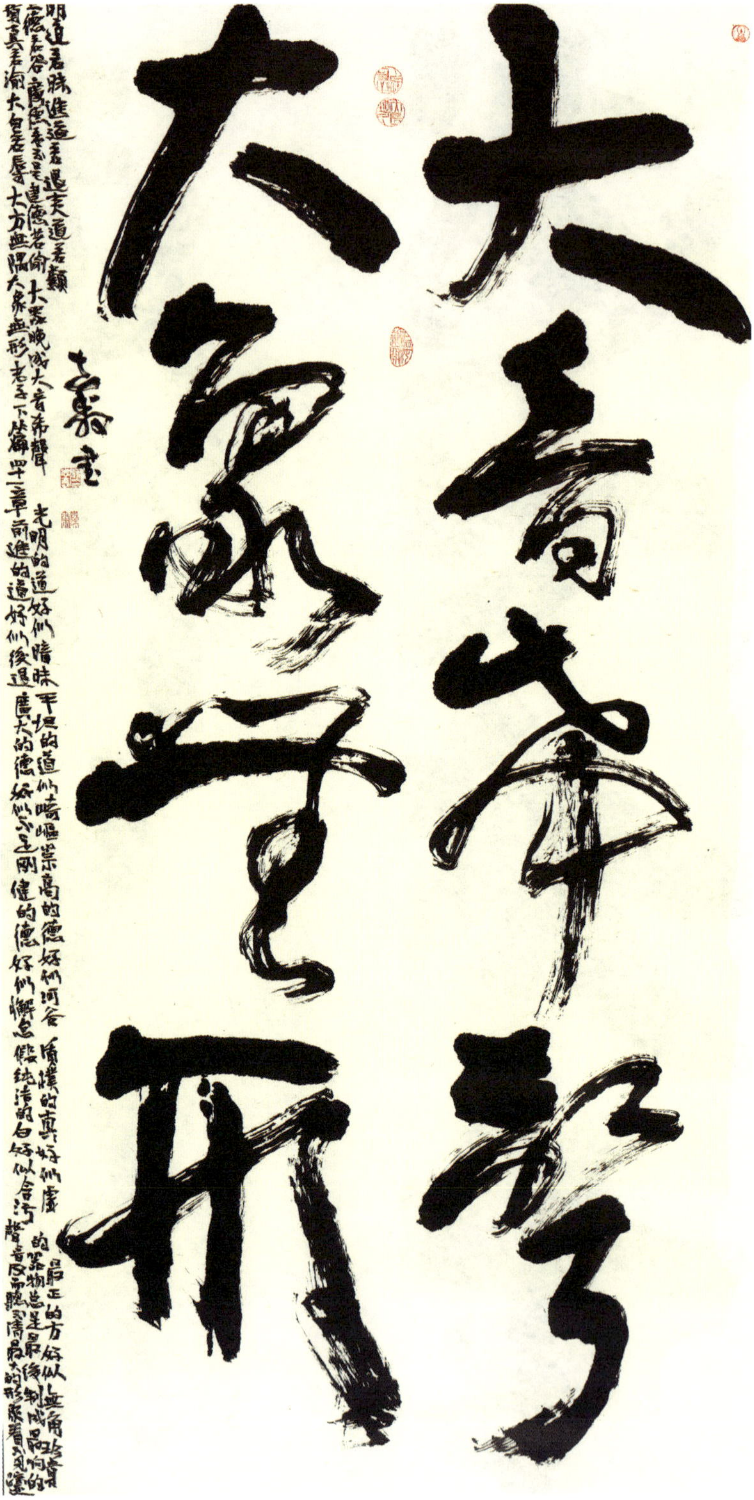

無極

蒋志鑫

自述

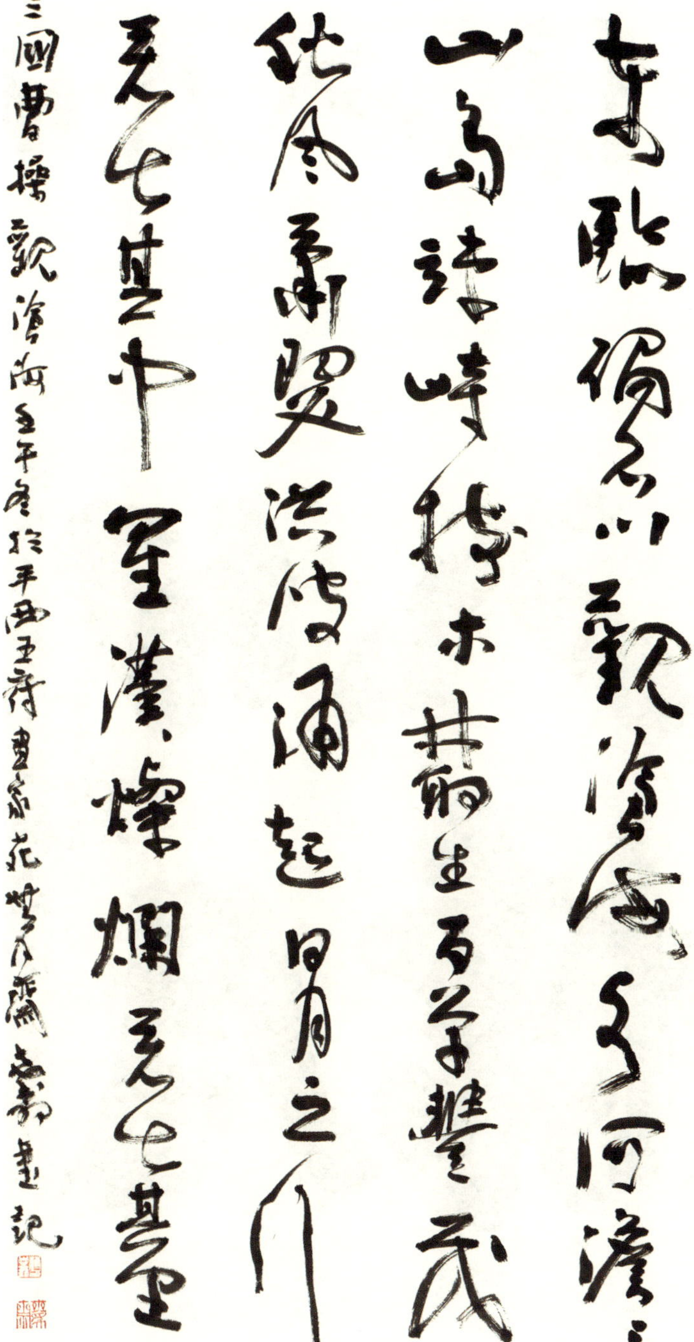
東臨碣石以觀滄海水何澹澹
山島竦峙樹木叢生百草豐茂
秋風蕭瑟洪波湧起日月之行
若出其中星漢燦爛若出其里
三國曹操觀滄海

日月入懷
志鑫

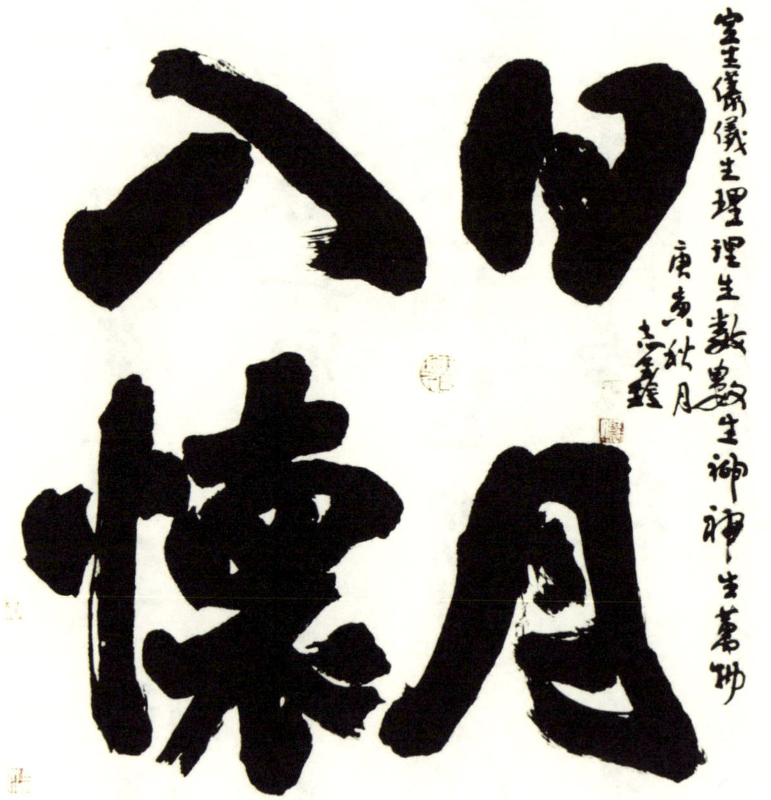
日月入懷
志鑫

《接天莲叶无穷碧》

（365cmX142cm，2004 年）

蒋志鑫

自述

接天蓮葉無窮碧
宋人詩意
甲申之夏

《梅花三弄》
（68cmX68cm，1998 年）

《幽兰》
（40cmX30cm，2001 年）

《一花一世界》
（84cmX72cm，2012 年）

《千年寿》
（68cmX45cm，1991 年）

《草原情》
（45cm×70cm，2007 年）

蒋志鑫

自述

《无题》
（68cm×68cm，1988 年）

《贝贝与咖啡》
（138cmX68cm，2006 年）

蒋志鑫

自述

第十章·回望平凉

给家乡捐赠作品

我出生在甘肃平凉的窑洞里。不管走到哪里，始终眷恋着养育我的山川大地。那里山亲切，水甘甜，我想像鸟一样在那里筑一个巢。

2013 年，我见到了平凉市市长，他来北京中央党校学习，有一天，他和主管文化的副书记来家里看望我。市长说我是平凉走出来的画家，是家乡的骄傲，我的画令人振奋。我也表达了自己的意愿，平凉在筹建博物馆，我想给博物馆捐赠一批作品，作为一个游子对家乡的回报。市长听了很高兴。2014 年清明，我回平凉，找到了助人为乐的副书记，她通报了市长。那天，市长决定在博物馆给我建一间 300 平方米的“蒋志鑫书画作品捐赠陈列室”，另外，给我安排一间工作室，让我创作和居住，还可以带学生。我满心欢喜，想到给家乡捐赠作品，能作为永久收藏，就计划捐 100 幅作品，包括 60 幅画，40 幅书法，并开始着手准备。

在我准备作品的第三年，市长调到省里工作了，捐赠的事情没了下文。于是，我找到新上任的平凉市委书记，问他上一届领导决定的事情还算不算数，我还在准备作品。市委书记当场叫来宣传部部长和一位副书记，让我和他们联系。

接到宣传部部长约我的电话，我心里很高兴，我跟他父亲很熟，当年去北京办画展，单位不同意，是他父亲给我放行的。

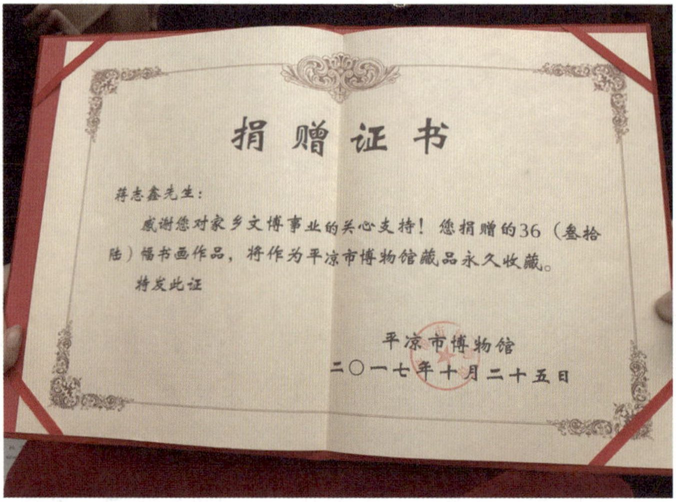

捐赠证书

2017 年 10 月 25 日蒋志鑫艺术馆开馆捐赠现场

我对老先生一直抱有感恩之心，老先生退休后，每次我回平凉都会去看望他。他还给我写过一篇文章《从平凉走向世界的画家——蒋志鑫》，发表在平凉的几家报纸上。老先生去世时，我在平凉，送去了一副挽联，表达对老人家的感恩之情。一周后，我到了宣传部部长的办公室，当时办公室里还有市妇联主席和副主席。一见面，他就要跟我约法三章：第一，关于经济的问题不要谈；第二，你要捐就捐 300 幅，给博物馆 100 幅，给妇联 100 幅，给一中 100 幅。听了这番话，我很失望。作为一名艺术家，我要捐给家乡的一定是好作品，不能滥竽充数，短时间内捐 300 幅作品，难度可想而知。捐赠是我自己的意愿，我原本希望有个正规的捐赠仪式，目的是让捐赠的作品受到严格管理，不能过几年就不了了之，流落民间。谈话至此，我说那就不捐了，捐赠计划就此搁浅。

2016年，我重新调整思路，决定自筹资金建造个人艺术馆。在一次朋友聚会中，我遇到了平凉崆峒镇年轻的书记，他听说我想回平凉建艺术馆，就力邀我回崆峒镇，热情协助我在镇内选址。经过几轮筛选，最后选在崆峒山下的蒋家沟村，我老家的崖背上。崖背下面就是我出生的窑洞，上面是我大哥、妹妹、侄子的承包地。镇上决定修一条80米长的路通到那里。建艺术馆需要一大笔钱，我想用作品换取资金。没过几天，书记带来一位做建筑工程的老板，他决定赞助艺术馆建设，我用画折价给他，我们签了一份简单的合同。

2017年3月，回平凉前，我把多年来收藏的30多吨石头运回平凉，平凉华星货运公司的关总热情帮忙，给我找了两辆13米长的高栏半挂车。由于车体太大，无法开进北京平西府我家的院子，只好先把院里的石头一块块吊起，然后用吊车挪到停车的另一个大院子，这也是个不小的工程。同时，一些家具也被一起运回崆峒镇。

回到平凉后，我夜以继日构思、设计我的艺术馆，翻阅了很多国内外的资料，决定建一座现实风格的艺术馆。

艺术馆4月9日开工，到5月中旬，框架结构就出来了，跟村上的房子截然不同。此时，周围人的心情就变复杂了，亲戚们也不同意之前约定的土地补偿款数额了，合作的老板在拿

蒋志鑫艺术馆

走第三批作品后也被挑唆得想变卦了，紧锣密鼓的工程停了半个多月。当时，我骑虎难下，这突如其来的变故让我丈二和尚摸不着头脑，我认真反思了一下，觉得自己没有对不起人的地方。

无奈之下，我去了市委找新调来的主要领导，述说我想给家乡捐赠作品的事和建造艺术馆遇到的困难。领导对我捐赠作品的事情很重视，没过几天，抽空亲自到现场视察。这期间，我找镇领导和合作人沟通，我们又签订了补充协议，工程恢复了建设。镇政府申报了文化产业园，先由镇上把地征回，我把土地出让金给镇上，镇上再把钱给承包地的村民。

经过 5 个月零 28 天的紧张施工，“蒋志鑫艺术馆”终于

建成了。建筑面积近千平方米，大两层结构，总高度为 10.8 米，外墙选用防火保温材料，再用花岗岩做装饰。一层画室层高 6 米，有一部分空间分隔为两层，为画家准备的房间有画案，墙上有贴画的画布。二层层高 4.8 米，屋顶是长宽各 6 米的大玻璃顶，地面也是同等大的玻璃顶，阳光可以从二层照射到一层。站在二层阳台上，平凉城一览无余。

艺术馆南靠太统山，北依泾河畔，东临西山坪，西枕卧牛掌，群山环绕，万壑争鸣，抬眼赏崆峒，等待太阳升，真是美不胜收。晴空一鹤排云上，幽谷双溪抱岭来。太统山脉和太龙湾形成一个大 S 状，连接成一条山岭，宛若巨龙，岭西为后河，岭东是蒋家沟山泉。

范迪安院长和程大利先生为艺术馆题字，镶嵌在艺术馆南北两面外墙上。

随着艺术馆的完工，我将存放在崆峒镇的石头一块一块运到艺术馆的门前。为了给每一块石头找到合适的位置，我根据每个石头的造型、大小，反复调整石头与石头之间的距离、每一块石头的摆放方向，真是煞费苦心。当它们坐落在艺术馆门前时，每一块石头都无比耐看，每个角度都有它们神采飞扬的一面，这些石头给我的艺术馆增添了不少独特的神韵。

艺术馆最后的环境绿化由万荣园林绿化有限公司的陈志青表弟为我承担，按我的要求，从北向南的大坡西侧栽满了竹子，路东用冬青和黄杨结成一条绿化带，中间点缀着樱桃、紫薇和金叶榆等不同的树种，十分优雅美观。门口种了我的学生牛学飞从张掖寄来的一棵红柳和三棵沙枣树，还从我家大门口移栽了一棵茂盛的竹子，给新的大门增加了一份雅气。大门的西南处种了柿子树、李子树、杏树、樱桃树、桃树、国槐、皂角树，院内西侧种植了合欢树、核桃树，还有一棵300多年的枣树，是朋友从河南运来的。院里建了一块形状不规则的牡丹园，有三株长了六七十年的大牡丹。其中一株是花径20厘米左右的独株牡丹“葛巾紫”，可谓花中仙子，它的名字来源于蒲松龄《聊斋志异·葛巾篇》。另两株为“鹤顶红”，都是平凉南台张氏三代所培植的花王，本栽植于我的院中。它们都是我用作品换来的。我觉得很欣慰，人与万物皆有缘。那段时间每天晚上工作到深夜两三点，非常难忘。

艺术馆建好后，我开始布展。我把一幅五张八尺宣纸连起来的大画《帕米尔》挂在二层展厅，两层展厅共展出36幅作品，包括10幅书法作品，这些作品主要表现崆峒山、黄土高原、黄河、胡杨、祁连山和牦牛，其中两幅作品在德国展出过，都是我的心血之作。

10月25日，艺术馆开幕，平凉市委、市政府主持了开幕式。程大利、陈传席、王明泽、于光华、于洋、刘军平、蔺道军、雷怀金等40多位文化名人，以及来自全国各地的同道、朋友、学生，还有蒋家沟的村民等齐聚艺术馆，我多年的夙愿终于完成。

崆峒山上自己的小天地

《心随天籁》
（125cm×215cm，2006年）

2016 年 7 月 2 日我在西藏采风

艺术馆开幕前几天，淅淅沥沥的雨一直下个不停，但那天早上，雨停了，9 点多时，云开雾散，阳光普照，真是皇天不负有心人。在捐赠仪式上，政府奖励我 10 万元，我将这 10 万元转赠给蒋家沟村，同时还将一幅《五牛图》、两幅书法作品一并当场赠给村里，以此感谢家乡的父老乡亲。

今年，我已 70 岁了，我还要继续画我的画，我经历了这么多的艰难曲折，人生跌宕起伏，而所有这一切，我都已经释然，我希望将它们化为笔墨，一一呈现在画面上，或磅礴，或和煦。

蒋志鑫　　常用印

自述

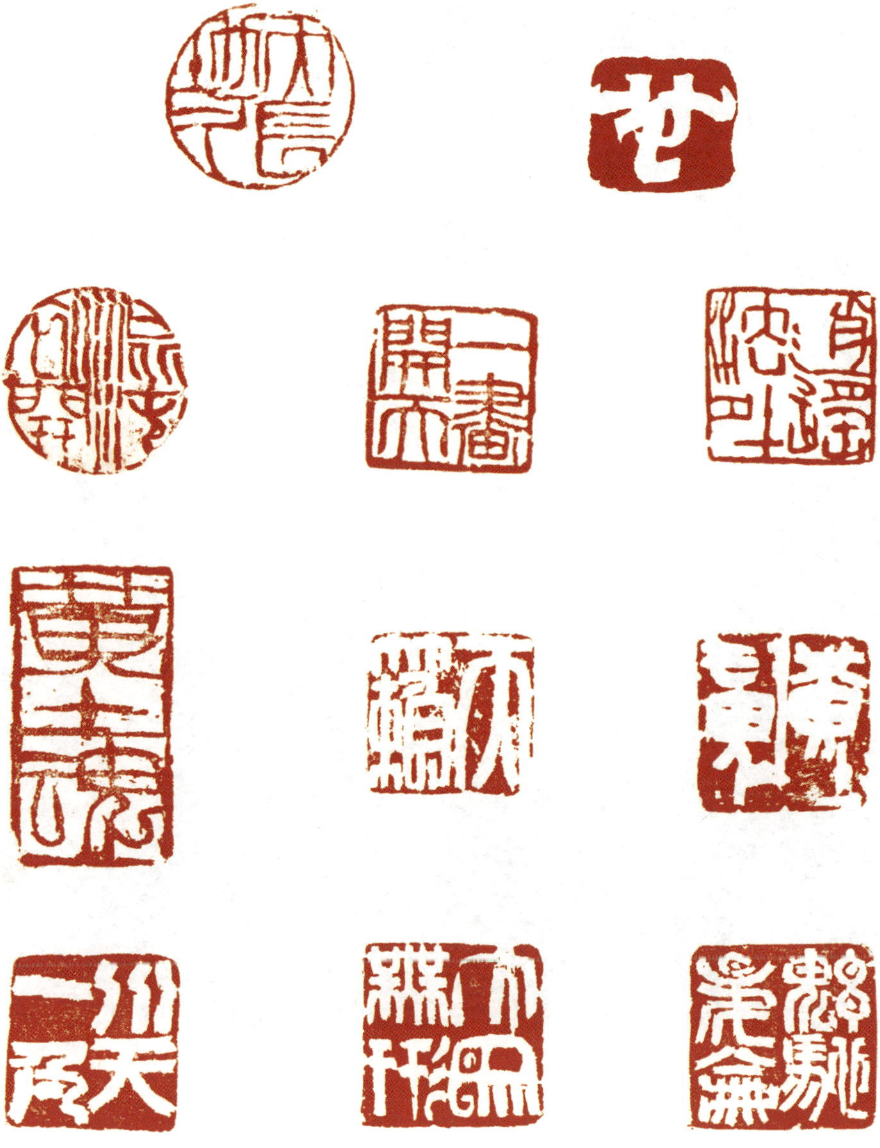

《天籁之九》
（360cm×146cm，2004 年）

蒋志鑫

自述

第十章

·

回望平凉

《崆峒山》

（142cmX365cm，2004年）

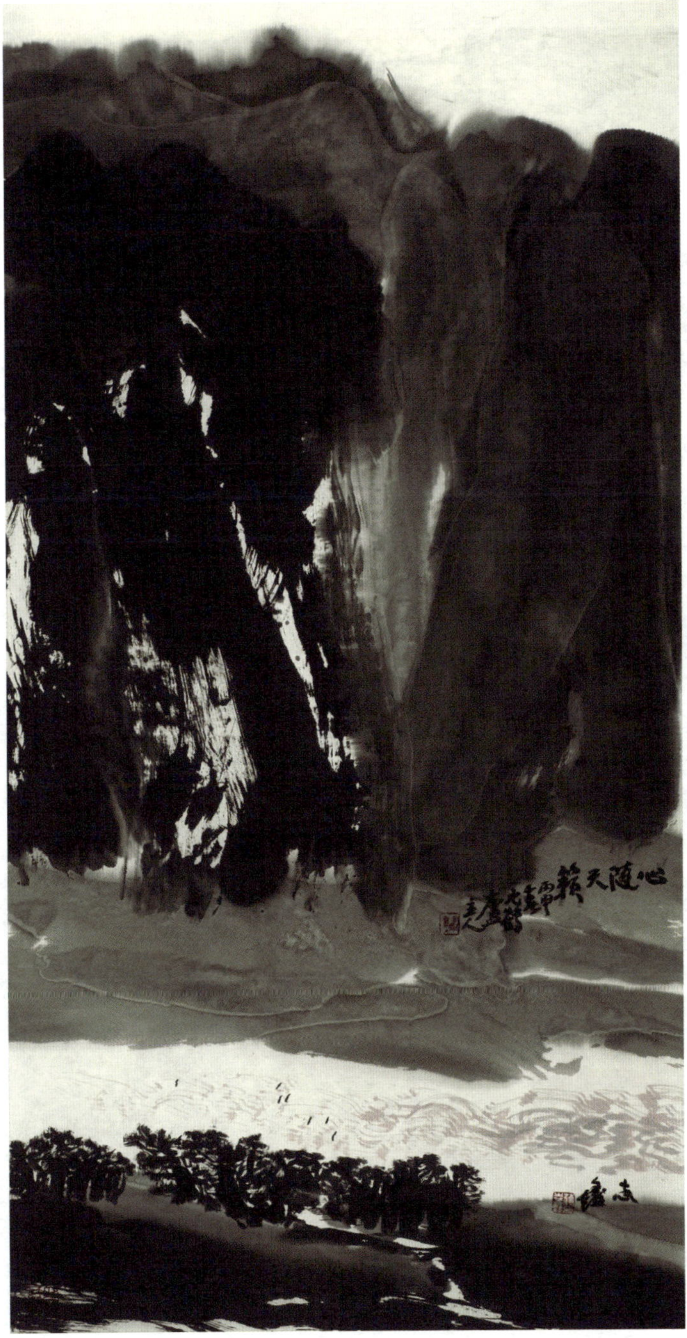

《心随天籁》
（68cmX138cm，2016年）

《心随天籁》

（125cm×100cm，2003 年）

《崆峒山》

（120cmX246cm，2003 年）

《心随天籁》
（365cm×145cm，2010 年）

《心随天籁》
（365cm×142cm，2007 年）

蒋志鑫

自述

十年前读蒋志鑫开时代风气，写黄土之魂的豪情之作，写下了这样的诗句：“蛮牛耕故土，歌声北部春。夺取山之魄，还绘黄土魂。”十年后再读沉潜于深渊，苦心孤诣以书入画的大写意山水之作，又写下了这样的诗句：“草情巨笔裂乾坤，域外豪情北部云。金戈天音传四海，画坛西部一昆仑。”

十年之间，几多青山不老，数番烟云变幻。实践在走，理论在行，两两对视，仰天一笑，合掌共鸣。

余观夫三十年山水画坛，自李可染、陆俨少大师相继辞世后，山水格局剧转。贾又福先生以构成入其画，开山水新境界；相呼遥唱者有周韶华，作品有横扫千军之势；蒋志鑫紧随其后，却纵深西部。余乃言：“王文芳探索西部，写山形得山势，是为先导；贾又福数次深入太行，情铸太行立丰碑；周韶华痴心荆楚文化，奇诡审美织锦绣；蒋志鑫则是黄土魂在西部歌。”后三者有其同，有不同。同者为三人皆大写意现代阳刚一派，从生活中汲取养分，而以地域风貌名世，格局原创，是画坛革命者。而先写生，再写意，走心象，归宇宙，用抽象，亦为其相同处也。不同者，贾理性而沉寂，是静美之音；周绮丽而奔腾，烈酒当歌；蒋原始而野性，画风狂放。师徒情深，江河千秋，不掩盖艺术之独立。

蒋志鑫，农民之子，特立独行。成名于20世纪80年代，初以写黄土魂而劲吹画坛，对甘陇后学者影响极大，众人竞相模仿而成时风。后舍形取神，游历国外，意象化为心象，间为半抽象。时人不解，多有非议。今复观其作，追忆当时画坛景象，实领先者也。

以传统笔墨论画，终难逃古典审美格局；以写实主义论画，多流于世俗之见。以抽象论画，似乎脱网一层。而以情、原创论画，必得画之精髓。若以历史之眼论画，画之真相必无遗失。蒋以天资、勤奋、胆才、功力入画，以气驭画，以情立魂，以势布阵，竟成纸上铁壁江山。其运斤也：挥洒素纸傲青天，奔跑巨嶂破黑毡，歌声还共笔墨震，激情佳构忘人间。闻其声，苍凉旷野；听其音，多得天籁。

三香斋主曰："初以黄土派立世，继而以西部画道立名，后又以笔墨大写西部山川，现以抽象水墨里的水墨抒写心象。是先开霸气之疆域，今见王者之风采。"

古画，笔墨用"面"者少。陆宛若曾言之，明其理而用其画。风云鼓荡，古境新开，陆翁乃成大师。黄土高原，石鲁曾为之，铁笔铮铮，领袖伟岸，黄土不朽。（世间画人写黄土形、骨、味、意者亦多，若有时日，必为黄土痴情之人立传。）而蒋为其中峭然独立者，以其天然之性，细笔化为巨椽，墨色两极，天资烂漫，超然物外。读画人之作，流于一格，毕生不渝者众。而开拓多境，皆有创者少。蒋之画，通造型多极，立根本体，色之所用，图之所变，情之所为，美之所创，良有贡献。蒋画以气而论，是元气、狂气、野气、大气，气气相随，竟成宏格。蒋画以情而论，是真情、狂情、深情且有烈情。情之烈者，天地无言，独立苍茫。以情为画，情之所动，必动知音之心。以风格而论，风格鲜明，有其师影韵，师心不师形，师胆不师迹，多悟苦行，功性天成。

其数十年之作，聊分七类：《道法自然》是脱胎于魏碑的朴拙大气个性之书，铁画入木；《逍遥法外》是遣兴的花鸟人物，审美意趣独到，别有风味；《魂系黄土》是其早年成名之作，真情奇构，至今读来，令人叹感；《纵胆黄河》热烈如火，古今神格；《神驰大漠》写胡杨不倒三千年；《心随天籁》寂寥空灵，简约至极，是“真书法，大写意山水也”，活用笔墨，可称神化；《俯瞰昆仑》水墨淋漓，开清静圣地，行平和真风。七大系列可概言为：立宏图，泄豪情，行西部奇山异景之地；造奇境，制雄格，味生命涅槃之身。而作品令人不能忘怀者为《纵胆黄河》《心随天籁》。真是：盖天金水，狂歌震动；笔摇奇境，大象无形。

余细观其作，有感而发，填词《满江红》一首：

西部风光，快风雨，雄关大漠。看落日，天池清碧，奇花飞落。云海狂吟千古去，昆仑含笑圆寰拓。美江山，问天下真人，谁来擘？

黄土神，胡杨硕；牦牛骨，昆仑魄。恨悠悠天地，画人然诺。天籁宏声行旷野，铁壁狂风鸣金铎。书气奔、震怒幻图歌，青天阔。

曩昔，余曾评蒋志鑫之作“重自然，弱笔墨，终少文化内涵”。而今读其新作，以书法写江山，文质并重，激情不灭，其作立地顶天，归于大道，拍案一叹，不觉欣然哉！

以心象写西部，能有几人欤？以真情写西部，能有几人欤？以超人胆识，为画坛不敢为者，能有几人欤？以坦荡之心笑对世俗非议者，能有几人欤？恋西部如此之深，写西部得其神、摄其魄而又以大写意笔法率性而为者，能有几人欤？

余乃叹：悠悠苍天，独立洪荒。艺比天大，西部情狂。铁笔摇动，心雷荡荡。江山巍峨，此何人哉？

陈胜临

艺术评论家、画家

每次到先生的家，看他的画，我都要问一问自己：这些画的魔力是什么？为什么每次都让人欣喜、愉悦，有所触动？我们为什么会不知不觉走进那个天高云淡、山河万里的世界？

有位评论家在先生家里谈画，我就直言相问，如何用一句话来概括先生的绘画艺术，他沉思片刻答道："绘画王国里的一只野生动物。"那一刻，我顿悟。

每次与先生见面，在平西府的院子里，老远他就伸出双臂，发出朗朗笑声，走近后一边紧紧拥抱我，一边大声地说："我想你啦！"

先生的家，是他自己翻建的一座二层小楼。走进二楼的画室，厚实的画案，自在的秋千，老树根做的茶海，凹凸不平的陶釉茶碗，一抽屉大大小小的印章，一堆堆毛笔、颜料、宣纸，加上大大小小的奇石和绿植的陪伴，算来到了先生工作的"场"。在那里，那些粗犷、鲜活、强悍的元素，亮晃晃地撞进我的脑海。最让我不敢直视的是画室北墙上的对联："裂破古今，横行天下。"那雄视天下的笔墨，让这八个大字生出一种令人眩晕的力量，我多少有些莫名的胆怯，甚至恐惧，怎么敢又怎么能这样说呢?!

先生喜欢喝茅台，喜欢高度酒的浓烈，喜欢老酒那黏稠的质感、微黄的颜色和满屋飘荡的醇香，大碗喝酒的时候，还一定要大口吃肉。在那张越南黄花梨的大餐桌上，我熟悉了先生一个又一个故事，时而全桌人大笑，时而静得只有先生粗壮独特的喘气声，时而让你突然有所醒悟。

先生祖籍山东牟平，祖太爷是武术教头，以武传家。二太爷的儿子是村里有名的"坏脾气"，外号"蒋疯子"。一年，天大旱，半月无雨，二爷数天一言不发，一天夜里，从自家院里冲出去，手里拿着家里的锅，指着老天破口大骂，使尽全身气力将铁锅扔向天空。后来，因生病半身不遂，自己用手一点一点爬到黄土高坡的崖顶，然后滚下，生生把自己摔死。

先生出生在甘肃平凉崆峒山下的蒋家沟。崆峒山是大西北的名山，10 年前我去的时候，正赶上 5 月初的一场大雪，山上美得让同行人不敢大声说话，生怕树梢上的树挂掉下来。据说黄帝当年问道于此，于是崆峒山名声大振。小时候先生家里穷，没有钱买墨，他就用红砖磨成粉和泥浆在地上练字，从 7 岁开始坚持不辍。现今，先生家里的笔种类繁多，以大笔、粗笔、长锋为主，大的如拖把，客人见了总是觉得新奇。

先生最感幸福的回忆有两件事。一件是生病咳嗽时，他的老母亲用铁勺头给他涮一只麻鸡蛋，用碗背将花椒碾碎后放入鸡蛋，然后放到铁勺里在炉火中简单涮炒。先生说老娘的麻鸡蛋是治病的良药，也是世上最美的佳肴，那种麻嗖嗖的味道，一入口就装满了全身，人一下子就精神、通透了，病也就好了。而另一件，是生产队的一罐米糊掉在了沙土地上，没法收回去。先生的父亲路过，惊喜地发现了米糊，赶紧回家拿来扫把和簸箕，连石子带沙子扫起来一起捧回家，捡出石子、沙子，加些麦麸烙了几张薄饼。吃饼时对着太阳一照，还能看到石子和沙子，但那顿饭全家人狼吞虎咽的样子，那张烙饼在窑洞里弥漫的香味，以及家人围坐在一起的场景，先生至今难忘。当先生说起时，我似乎能听到牙齿与石子碰撞的声响。

2017年年末，中央美术学院在北京太庙办展览，范迪安院长邀请先生参加。那天下午，北京阴冷，地上积了薄薄一层小雪，路很滑，上下大殿非常吃力。在东配殿的一头，范院长站在先生《月沉帕米尔》作品前接受电视台记者采访，我一句一句地侧耳倾听。那个场景让我忆起10年前，甘肃画院建院30年回顾展，画院前前后后数十名画家的作品，布满了甘肃美术馆的两个大厅。那时我正在甘肃工作，快要闭馆时才匆匆赶去，天色已经暗了下来，馆员特意给我开了灯。馆内就我们两个人，他远远地陪着我，我从西厅一张一张仔仔细细地看。东厅北墙只挂了先生这一幅作品，我当时被那排山倒海、俯瞰苍穹、浩如烟海的壮美、厚重和野性击中，再也无法平静。见我迟迟不动，身旁的馆员低声说："一个画家一辈子有这样一幅画就够了。"在我紧张激动的内心里，着实又是一惊，直到今天我也没想明白，在那个傍晚的一隅，我怎能那么有幸见到这等杰作。《月沉帕米尔》也就成了我向朋友介绍先生时的第一道"大餐"，我常常向友人发问：一个艺术家要有怎样的胸怀和境界，宣纸素墨，就能驾轻就熟地呈现出帕米尔高原，而且是帕米尔高原的晚上?!

在我心里，每每为先生那强壮的身躯，大山大河般的气场和"裂破古今，横行天下"的独特所震撼。这一切，我想套用陈丹青的一句话，他说："我喜欢瓦拉东什么呢？喜欢她纯真的野性。"而我喜欢先生什么呢？喜欢他茁壮的野性。

那种野性成就了瓦拉东，成就了莫奈、塞尚、高更、罗特列克、毕加索等印象派一路下来的诸位大师，也成就了我的老师蒋志鑫。"这些被释放的野性正好是那一世代顶顶可怕的创造力，密集引发历史性突破，每种野性带出一项风格，一家门派，一组观念。”陈丹青在《局部》中坦陈。

先生的野性一半来自生活，一半来自基因。今天，人们也许会更加喜欢、怀恋野性，那种从纯真到茁壮的野性。

荆玉成

蒋志鑫年表

1949 年 **出生**

1949 年 10 月 9 日（阴历八月十八日）出生于甘肃平凉崆峒山下蒋家沟。父亲蒋生才、母亲白茂丹（羌族，甘肃岷县人），均务农。

1956 年 **7 岁**

开始学写毛笔字，在方砖上用毛笔蘸红土，以坐马式练字。

1957 年 **8 岁**

在蒋家沟村上小学。

1958—1959 年 **9 ~ 10 岁**

转韩家沟村继续上小学。

1960—1961 年 **11 ~ 12 岁**

学校关门，辍学在家。

1962—1964 年 **13 ~ 15 岁**

在寨子街小学读书。对美术课感兴趣，在班上，毛笔字写得最好，常被老师表扬；负责学校“六一”“国庆”的墙报；课外、假期帮邻居写信、写春联。

1965 年 **16 岁**

考入平凉一中，后因病休学一年。

1966—1968 年　**17 ~ 19 岁**

在平凉一中上学。时逢“文革”，模仿忠字画和毛体书法。

因“大串连”到西安，在“黑画展”上第一次看到石鲁、赵望云的画，眼界大开。

1969 年　**20 岁**

于平凉一中毕业。

因大哥伐树时左腿双骨折失去劳动力，二哥在部队当兵，回乡务农承担起家庭生活重担，并自学中医针灸。

1970 年　**21 岁**

到平凉肉联厂工作。

因毛笔字写得好，替厂里抄文件、写大幅标语、办黑板报。

1971 年　**22 岁**

7月，大学招收工农兵学员，被推荐到甘肃师范大学（现西北师范大学）军体艺术系。

选择美术专业。在校期间跟娄付义、王启明、陡剑岷老师学油画，跟张阶平教授学水彩画，听洪毅然教授讲《大众美学》。

1973 年　**24 岁**

3 月，父亲去世。

1974 年　**25 岁**

甘肃师范大学艺术系毕业，被分配到平凉群艺馆工作。

1975 年　**26 岁**

8 月，到静宁县威戎镇搞路线教育，工作之余画了大量速写。

1976—1977 年　**27 ~ 28 岁**

被派往泾川县窑店镇，主抓农村“红画兵”辅导培育工作。一边教学写生，一边创作。

1978 年　**29 岁**

与崔凤玲结婚。

1979 年　**30 岁**

1 月，儿子蒋昊宸出生。

4 月，由岳母家搬到平凉群艺馆 16 平方米的工作间，有了人生第一个画室。其间研读《石涛画谱》，临摹石涛、石溪、渐江等前贤的山水作品，对后来的艺术创作产生重要影响。

1980 年　**31 岁**

被派往泾川县泾明乡搞路线教育，工作之余写生、创作。

1981 年　**32 岁**

画了一批崆峒山和黄土沟峁的焦墨速写，探索黄土高原山川地貌的表现方法。

1982 年　**33 岁**

北京画院王文芳到平凉讲学，办美术创作学习班，赏识他的焦墨作品。

1983 年　**34 岁**

3 月，到北京画院进修，师承王文芳。

当时北京画院设在北京市东城区雨儿胡同齐白石的老院子内，王老师让他跟自己一起住在 8 平方米的东厢房里；王文芳与马泉、王绍明、彭培泉四位画家共用的工作室是齐白石用过的画室。王文芳把工作室的画案让给他画画，自己在东厢房卧室里办公。

经王文芳介绍，认识了贾又福，每逢周六，贾又福来指导他画画。王文芳先后带他认识了尹瘦石、白雪石、秦岭云、崔子范、李可染、周韶华等著名画家，让他大开眼界。

学习期间，王文芳还带他去河南、湖北，在红旗渠、武当山等地写生；并与王文芳共同创作四条屏，由河南美术出版社出版。

10月底，进修结束，到四川广元麻柳、峨眉山、大佛寺、安徽宣纸厂、黄山等地写生。

1984 年

35 岁

7 月，陪同《解放日报》记者许寅冒雨登崆峒，为许寅介绍崆峒山的历史变迁和文物古迹，二人从此成了一生的朋友。

1985 年

36 岁

由于长期观察黄土高原皴裂斑驳的山体结构和独特的黄土坡面造型，探索出用勾线和干皴结合手法表现黄土高原结构与造型的石子皴法，从而在此后的两年创作出独具风格的《离离原上草》《地老天荒》等“黄土魂”系列作品。

1987 年

38 岁

1 月 13—18 日，在中国美术馆举办“黄土魂——蒋志鑫书画展”，展出 60 幅画、8 幅书法。《华夏之魂》《陇山如铁》《春雨如膏》《秋天里的春天》四幅作品被中国美术馆收藏。其间，《人民日报》《光明日报》等多家报刊采访报道。《中国美术报》评论称：“作者滚一身泥巴，画满卷土气，以他扎实的功力，给北京画坛带来了生机。”“他找到了传统山水和现代山水一个很好的契合点，在魂魄式的山水里注入了一种灵魂。”（刘曦林）

1988 年

39 岁

5月2日，在上海美术馆举办“黄土魂——蒋志鑫书画展”。上海美术馆馆长方增先为画展撰写了前言；著名老艺术家王个簃、程十发、应野平、陈培秋等书画界前辈及观众数百人出席；《解放日报》《文汇报》《新民晚报》著名记者许寅、郑重、张之江等做了报道，上海电视台做了专题新闻。本次画展被誉为“意境雄浑，气势磅礴，仿佛黄钟大吕”（程十发）。

6月，《地韵》获《美术》《美术家》《雄狮美术》三家杂志联合举办的首届国际水墨大赛优秀奖。

7月，原拟调入宁夏书画院，后甘肃有关领导出面协调，被调进甘肃画院。

8月，到黄河壶口写生，创作《天泻铜液》《天地洪荒》，完成《天歌》《天运》等一批表现黄河的作品。

12月，到甘南迭部写生，发现游走在冰川峡谷中的牦牛才是高寒雪域中生命的象征和永不屈服的灵魂。从此，在冰雪中风驰电掣的牦牛取代了家乡黄土地里勤劳质朴的黄牛，成为他绘画作品的一个重要标志。

1989年

40岁

3月，举家迁居兰州。

3月，在韩国首尔美术馆举办“蒋志鑫书画展”。举办方认为他的作品“透过画面可触摸到千万年生息在这块土地上的祖先的灵魂”（崔炳植）。

为世界银行驻中国办事处创作巨幅山水《苏醒》。

5月10日，甘肃画院正式成立，10件作品参加画院成立展。

《江苏画刊》发表其4幅作品。

1990年

41岁

10月，母亲去世。

1991年

42岁

9月，为妻子治病筹款，在敦煌博物馆举办画展。年末，妻子病情好转。

冬，作品参加“法国巴黎秋季沙龙展”。

1992 年 43 岁

2 月，由程大利先生策展，在江苏省美术馆举办个人画展。

7 月，由蔡继明先生策展，应邀在香港艺术中心举办个人画展。出版大型画集《黄土魂》。

1993 年 44 岁

作为中国唯一代表，应邀参加美国洛杉矶首届国际艺术双年展，作品在“汇一画廊”展出。

《天泻铜液之二》被香港黄氏律师事务所收藏。

1994 年 45 岁

作为中国唯一代表，应邀参加马来西亚美术馆举办的国际艺术创作营，有 5 幅作品参展，其中一幅作品被马来西亚美术馆收藏。

1995 年 46 岁

7 月，江苏美术出版社出版《蒋志鑫画集》。

8 月，在香港尖沙咀艺术文化中心举办个人画展。

11 月，中央电视台《东方时空》对其进行专访，播出节目《蒋志鑫和他的西部艺术》。

12 月，由文化部、中国美术家协会外联部派遣，以中国艺术家的身份赴法国巴黎国际艺术城吕夏光画室进行艺术考察和交流。

1996 年 47 岁

3 月，在法国巴黎国际艺术城举办个人画展，并在巴黎三家画廊举办个人画展。

4 月，获法兰西功勋与奉献协会授予的银质勋章，新华社发了通稿。

5 月，参加法国老佛爷百货总部举办的“中国月”活动，现场作画、写字，介绍中国文化艺术。

6 月，《对饮》被时任法国总统希拉克收藏。

1997 年　48 岁

收到法国文化部在巴黎国际艺术城工作室从事创作的邀请函，进行为期 6 个月的考察与交流。

其间，在巴黎举办了 5 次个人画展。《春风》被法国参议院收藏，并悬挂在 42 号会议室。被法国文化部前部长奥加德称为“来自东方的凡·高”。法国艺术界评价他的作品“高迈雄浑，奔放中不失内在结构，宽松中见严谨，现代中蕴藏着传统。是中国文化最深沉的体现”。

4 月，获法国艺术、科学和文学研究学会颁发的“艺术·科学·文学”银质奖，成为该学会成立 80 年来第一个获奖的中国艺术家。新华社发了通稿。

7 月，《春雨如膏》被收入《中国现代美术全集》。

《地老天荒》被收入《当代中国画（1979—1989）》。

1998 年　49 岁

《蛮牛》参加法国巴黎“大皇宫秋季沙龙展”，获法国“艾琳娜·范海”奖。

1999 年　50 岁

3 月，举家迁居北京平西府 169 号画家苑。

7 月，应邀参加昆明国际园艺博览会名家采风团活动，创作了反映香格里拉、玉龙雪山与金沙江题材的《雪域雄风》《虎跳峡》等作品。

8—10 月，作品参加在广州美术馆与深圳美术馆举办的“走进都市——当代水墨实验专题展”。

10 月，在山东烟台博物馆举办个人画展。

2000 年　51 岁

在北京平西府工作室创作探索大写意山水；秋天赴新疆五彩湾等地写生一个月。

2001 年　52 岁

《天泻铜液之二》《天泻铜液之五》入选“百年中国

画展”，《天泻铜液之二》被收入《百年中国画集》。
《咆哮的黄河》《雪月》入选中国美术家协会、中国画研究院举办的“聚焦西部”画展。
8 月，《蒋志鑫画集》由甘肃人民出版社出版。
8月28日，“西部追魂——蒋志鑫艺术展”在中国美术馆一楼正厅举办。中央电视台《时空咨询》专题报道此次展览。中国美术馆收藏了《母亲的咆哮》等作品。画作被美术评论家誉为“将新观念、新知识融合到中国的传统艺术中”（邵大箴）。

2002 年

53 岁

创作《敦煌的起源》。
7 月，赴川藏，在稻城香格里拉写生，而后用一年多的时间创作“追魂香巴拉”系列，以长笔大墨书写性表现手法创作出众多大尺幅的重要作品。这些大写意作品，气势雄浑，大气磅礴，真挚感人，颠覆了传统中国山水的笔墨，在艺术语言的提炼与表现上呈现了不同于古人，也不同于今人的全新面貌。
同年，有 7 幅作品了参加今日美术馆举办的“平西府画家联展”。
冬，人民美术出版社出版《追魂香巴拉——蒋志鑫艺术》画集。
为中央电视台录制节目《怎样用大写意的手法表现西部山水》。
赴青海玉树写生，归来创作“雪域高原”系列。
中国教育电视台一台专题介绍蒋志鑫的艺术。

2004 年

55 岁

2 月，今日美术馆主办“西部追魂——蒋志鑫艺术展”。
赴新疆木垒、库车、塔克拉玛干沙漠写生，归来创作“胡杨”系列。
12 月 28 日，在宝藏艺术馆举办“西部追魂——蒋志鑫艺术展”，人民美术出版社社长、总编辑程大利与中国艺术研究院研究员翟墨主持学术研讨会。

翟墨认为，蒋志鑫的《西部追魂》作品很纯，已由“人籁”升华为“天籁”，“就是完全代天说话，把宇宙密码翻译给人间，完全是一种自己体悟到宇宙的精神”。

2005 年

56 岁

3—10 月，历时 8 个月的北京平西府 169 号画家苑画室拆建工程竣工，从此有了自己的新画室和展厅。

4 月，获法国艺术、科学和文学研究学会颁发的“艺术·科学·文学”金质奖。

2006 年

57 岁

作品《慕士塔格峰——天神》参加中国美术家协会主办的“世纪风骨”第三届艺术双年展。

作品《帕米尔》参加中国长城画院成立作品展。

作品《月沉帕米尔》参加甘肃画院院展。

2007 年

58 岁

3 月，应德国慕尼黑艾莎贝尔－苏珊娜画廊和爱莎芬堡－久久皮特画廊邀请，举办“蒋志鑫个人艺术展”。

4 月，由德国苏珊娜画廊代理的作品参加美国芝加哥国际艺术联展，《康巴汉子》载入艺术联展图录。

8 月，美国子午线国际中心选出《天泻铜液》《大漠风》参加中国文化部举办的赴美一年半的巡展。其中，《大漠风》被美国白宫高管私人收藏。

10 月，自传《心随天籁》由敦煌文艺出版社出版。

2008 年

59 岁

8 月，《昆仑五牛》入选“2008 国际奥林匹克美术大展”，获得“2008 年和谐中华迎奥运”大型书画艺术展金奖。

10 月，《雪域雄风》入选中华民族文化促进会、中国国家博物馆联合举办的“纪念中国改革开放 30 周年艺术成就展”。

10 月，应台湾 99 度艺术中心之邀，在上海举办“蒋志鑫艺术展”。

2009 年　**60 岁**

《凤凰涅槃》被收入《中国美术 60 年》。

3 月，参加俄罗斯圣彼得堡列宾艺术学院访问交流及写生活动。

4 月，在德国柏林苏珊娜艺博画廊举办个人画展。

6 月，参加中国美术家协会举办的艺术大联展。

2010 年　**61 岁**

10 月，参加“相约鄂尔多斯暨当代中国画家捐赠作品展”。

11 月，赴甘南草原玛曲、郎木寺等地写生。

12 月，在北京瑞博堂画廊举办个人画展。

2011 年　**62 岁**

线装书局出版“中国当代书画名家迎 2011 法兰克福书展系列丛书”《蒋志鑫山水卷》。

12 月，参加首届“中国企业家、艺术家赴南极采风活动”。

2012 年　**63 岁**

1 月开始，创作“印象·南极”系列，探索雪光云影的南极净界和雪域高原的表现手法。

4 月，“印象·南极——蒋志鑫大写意山水艺术展”在北京昌平宝隆艺园蒋志鑫艺术馆举办。

5 月，应乌兹别克斯坦论坛基金之邀，10 幅作品参加艺术联展。

2013 年　**64 岁**

4 月，应扬州八怪纪念馆之邀，举办“蒋志鑫大写意水墨艺术展”。

2014 年　**65 岁**

7 月，参加“传奇丝路、艺术甘肃——中国近现代艺术联展”。

11 月，参加“首届甘肃名家书画上海邀请展”。
11 月，在马奈草地美术馆举办“大音希声——蒋志鑫作品邀请展”。
12 月，参加“甲午岁月　意在苍茫”艺术联展。

2015 年

66 岁

2 月，在甘肃省博物馆举办“敦煌心象・丝绸之路”美术中国——蒋志鑫艺术展。
6 月，赴张掖观丹霞地貌，归来后创作出“丹霞”系列作品。
6 月，参加由北京嘉德书院主办的“气正道大——当代主流中国画名家学术邀请展”。
7 月，应邀赴黑龙江五大连池采风，创作出五大连池组画。
11月，参加由《人民日报》（海外版）主办的中国画“强元”课题“国风、文脉”名家书画展。
12月，应邀参加中央美术学院、北京市总工会主办的“水墨本色——当代中国画邀请展”。
参加山东东岳美术馆举办的“道法自然，青云水墨”艺术联展。

2016 年

67 岁

1 月，参加由书画频道美术馆举办的“第三届百花迎春当代绘画名家精品展”。
4 月，在山东潍坊参加由中国画学会、中国美术家协会、中国画艺委会联合主办的“第六届中国画节当代名家邀请展”。参加“书画频道进万家”之“走进泰州”系列活动。
7 月，参加由中国扬州八怪研究院、扬州市文物局主办的“八怪新韵——当代中国书画名家邀请展”；作品《七牛图》参加由中华文化促进会、书画频道主办的“书画频道开播十周年绘画精品特邀展”；798 艺术中心圣歌画廊举办“独自眺望——蒋志鑫的无垠世界”艺术展。

7月，参加西藏采风活动。

8月，在蒋志鑫艺术馆为“扬州八怪研究院研修班”授课。

9月，参加由中国美协主办的“互绘、互知”中外美术作品展；参加“北国气象——中国当代北派山水名家展”。

2017年 **68岁**

2月，赴西双版纳写生。

4月，在故乡甘肃平凉蒋家沟兴建“蒋志鑫艺术馆”。

4月，参加由中国画学会、中国美术家协会中国画艺委会在山东潍坊举办的“第七届中国画节邀请展”。

6月，为京西宾馆创作《天境祁连》。

7月，山东美术馆举办“故乡山川——蒋志鑫、李宝堂、荆玉成写意画展”。

10月，平凉崆峒“蒋志鑫艺术馆”竣工，在“蒋志鑫书画作品捐赠暨艺术馆开馆仪式”上，向平凉市博物馆捐赠38幅历年作品。

2018年 **69岁**

3月，应邀参加书画频道举办的“百花迎春——第五届中国当代绘画名家邀请展”，并协助书画频道举办“走进平凉”活动。

3月，参加由中国画学会、中国美术馆共同主办的“第二届中国画学会时代华章展”。

4月，应邀为书画频道“一日一画”教学栏目讲述大写意山水画创作技法。

5月，参加“一带一路”香港文化鉴识专业协会、中国金砖集团举办的“一带一路·四海同心”名家书画展。

6月，参加由炎黄艺术馆举办的“花之魂——当代中国花鸟画之畜兽门”专题展。

6月，被法国经济文化国际合作发展协会评为“一带一路最美文化信使”，参加9月平遥古城颁奖盛典。

7月，参加书画频道“走进平凉”系列活动。

8 月，赴平凉泾川参观大云寺佛舍利，赴庄浪参观云崖寺、关山之巅朝那湫，创作《圣地雷泽朝那湫》等作品。

11 月，参加湖北襄阳“荆山楚水”北派山水名家邀请展。

12 月，赴新西兰，后创作“新西兰印象”系列。

2019 年

70 岁

4 月，参加中国画学会、中国美术家协会、中国画艺委会联合主办的第九届中国画节“锦绣河山——中国画学会山水画专题展”。

步入 70 岁，作为“属于这个时代并穿越这个时代的艺术家”，继续探索水墨黑与白的更多可能性，以长笔淡墨去表现自己心里的无垠世界。